大是文化

寶可孟
刷卡賺錢 祕笈

小資族靠信用卡加薪 100%，理財達人
賴孟群示範，讓刷出去的錢自己跑回來。

總辦卡數破 477 張的理財達人、
「寶可孟的理財記事本」版主

寶可孟（賴孟群）——著

CONTENTS

第 一 章

換現金、積紅利、攢哩程，
花出去的錢自己流回來 *025*

第二章

總辦卡數破 477 張的理財心得 *123*

CONTENTS

破萬粉絲感動推薦

「寶可孟，我最近該辦哪一張信用卡……才能賺很大……？」

破萬網友每週等他發文公開神卡祕笈攻略，宛如推薦股市明牌一樣。

「我以前以為刷卡不好，都不敢亂辦卡，一張卡用到底，還沒什麼回饋，看了寶大（粉絲對寶可孟的暱稱）的文章才知道，信用卡可以有現金回饋而不是只有紅利點數，讓我這個全職媽媽透過刷卡回饋省下了一些小錢就有小確幸，再搭配數位帳戶賺銀行利息，使小確幸加大（以前只知道把錢放郵局，半年領那少得可憐的利息），現在知道不同消費要使用不同卡別，盡量利益最大化，省錢就是媽媽的小確幸。感謝寶大。」

——頭號粉絲李佩玉

「經由寶可孟分享，我才知道有些銀行的頂級卡並非年收數十萬元以上才能取得，也確實成功辦下一些頂級卡，真是實用。」

——頭號粉絲陳健泰

「感謝寶大讓我從被銀行拒絕的小白，升格為世界卡邀請戶，大小回饋領不完。」

——頭號粉絲塵志昇

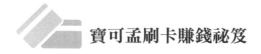

寶可孟刷卡賺錢祕笈

「透過寶大的分享，我用刷卡點數換到了一臺 GoPro7，再換到 Switch，賺很大。」

　　　　　　　　　　　　　　　　　　——頭號粉絲呂佳倫

「感謝寶大讓我學會如何使用信用卡，而不是隨便用！讓我能在消費之虞，還能賺些回饋。」

　　　　　　　　　　　　　　　　——頭號粉絲 Will Chiu

「以前我根本不懂（信用卡）這個支付工具，更別說要去申請，只知道現金最實在，但看了寶大的文章被深深吸引，花錢能賺 LINE Points，還能請朋友喝咖啡，甚至能抽機票，甚至刷卡分期賺什麼什麼之類的，Bankee 卡是我人生的一張信用卡，也是跟著寶大 MGM 一起辦的，抽到機票，實在受益良多！」

　　　　　　　　　　　　　　　　　——頭號粉絲林晏祥

「聽寶可孟建議，我辦了一張哩程卡，真的換到一張臺北大阪的免費機票。」

　　　　　　　　　　　　　　　　　——頭號粉絲梁先生

「偶然在新聞中見到你，所以跟著你的腳步往小財神目標走，起步只是 LINE Pay 點數，但用它來積少成多，買些東西不用花錢，我已經往有錢的方向走，相信慢慢有人跟上來了。」

　　　　　　　　　　　　　　　　　——頭號粉絲子艾忠

「從省錢到理財，感謝寶大一步步教學，把錢最大化。」

　　　　　　　　　　　　　　　　　——頭號粉絲楊振宏

推薦序一
善用工具，
你也可以用信用卡理財

財經節目主持人、經營「自由女神邱沁宜」YouTube 頻道／
邱沁宜

「水能載舟，亦能覆舟。」同樣的，這個道理也能應用在信用卡上。

從小，我的媽媽不斷叮嚀我：「辦信用卡會讓妳過度消費，很可怕！」、「妳看信用卡的利息高得嚇死人！」為了不違逆母訓，我開始使用信用卡的年紀比一般人晚許多，大概接近 28 歲，才辦了人生的第一張卡。

由於我從小就習慣使用現金，再加上平時生活忙碌，購物時直接用現金付款對我來說最方便。然而以下原因，改變了我對「現金至上」的看法。

我經常出國，一年超過 12 次，而出國前最麻煩的兩件事，就是換錢和刷卡買機票。由於我每次都會多換錢，所以我書桌裡的抽屜早變成收集了各國貨幣的百寶箱，整理起來很費力。但如果準備好一張信用卡，用來應付出國時的各種消費，我就不會因擔心錢換得不夠多，而陷入總是換太多錢的窘境。

再者，我過去出國時有一部分的機票，是用先前買機票累積的

哩程（按：在信用卡產品中所指的「哩程」，是指可以兌換機票的點數收集機制，點數單位多為「哩」〔亞洲萬里通稱為「里數」〕）兌換得來的；但我後來發現，許多朋友出國時，機票竟是用航空公司與銀行的聯名信用卡累積的哩程換得，比單純累積航空公司的哩程要快得多。這才讓我意識到，若消費時使用適合的信用卡，我應該可以更早拿到免費機票。

另外，我在中國見識到什麼叫做「紙鈔毫無用武之地」。每次去中國時帶的人民幣，最後幾乎都沒用到，原封不動的帶回家。在北京，能用現金付錢的機會微乎其微，連買水果都用行動支付「掃」一下就解決了，還打 8 折。由此可知，**行動支付搭配信用卡真的好處多多**。

原來以前媽媽最怕的卡奴，現在只要善用工具，也可以變成理財達人。

這本書教大家如何藉由善用信用卡變成理財達人，我非常推薦大家閱讀，我也在書中發掘到新的信用卡應用心法。

推薦序二
小資族理財第一步：
用信用卡省錢

信用卡理財部落客／「輝哥卡省錢」輝哥

我跟寶大是在 PTT 的信用卡板認識，當初我們和其他幾位喜歡在 PTT 分享信用卡資訊的鄉民朋友，一同開了 LINE 群組。

2018 年，我開始在網路上經營臉書粉絲專頁，寶大第一時間知道後就大力推薦，且利用他的影響力幫忙宣傳，到現在我還是很感謝寶大的熱心協助。後來，寶大和「SourSoul 信用卡快爆」的站長 CW 邀我共組「卡板邦聯盟」，因為合作需要，我們幾乎每天聯絡，所以變得更為熟識。

認識寶大的人都知道他「為卡成痴」，我非常敬佩他如此有毅力，不斷吸收許多信用卡知識，並有效率的完成寫部落格文章、經營粉絲專頁等工作，可見他的自我要求之高。

拜讀本書後，我覺得書中的內容淺顯易懂且有趣。從一開始介紹寶大的出身背景，就告訴讀者他是很有數字觀念的人，從小就知道要買「戳戳樂」賺錢，了解成本和損益的概念。

其實我小時候也跟寶大很像，但我買的是「抽抽樂」。我會利用過年期間家族團聚時買抽抽樂給親戚玩，從中賺取利潤來增加自己的壓歲錢。我看了本書前言後才知道，原來我和寶大從小都有

生意頭腦，看見商機必定不會錯過。另外，他在書中介紹信用卡 MGM 活動的玩法，你可以從中看到他的想法獨到之處，如果你是銀行行員，有推銷信用卡的業績壓力，一定要用心的把相關章節看完，相信這會對你很有幫助。

我也要推薦剛出社會的青年朋友看這本書。寶大與我的人生歷程有很多地方類似。我當年大學畢業，也是一個人從南部北漂到臺北就業，為了存點錢縮衣節食是必須的，且好不容易適應了新環境，還得煩惱每個月龐大的生活開銷和房租費用──在臺北生活是不是真的能存得到錢？我常會為了生活壓力而開始懷疑人生。

其實寶大跟我的信用卡理財妙方，就是從這些生活經驗中累積得來。**市面上不缺教大家如何理財的書籍，但沒有人教你在存夠理財所需的資金之前，怎麼熬過入不敷出的職場菜鳥階段──其實用信用卡省錢就是關鍵**，寶大把他剛出社會的經驗跟大家分享，如果你是剛經歷這個階段的職場菜鳥，看完本書就可在生活中應用，加速構築自己美好的人生規畫。

最後，我要給有興趣利用信用卡理財的人建議，看完本書後請將這些心法實踐在生活中，並勤於記錄生活開銷、不斷更新信用卡資訊，從中找出適合自己的信用卡。如果有任何問題和建議，也歡迎大家來卡板邦聯盟的粉絲專頁跟我們一起討論。

推薦序三
跟隨寶可孟腳步，
刻劃出屬於自己的信用卡藝術

「SourSoul 信用卡快爆」站長／CW

記得我當年找到第一份工作、領到第一份薪水後，為了想買更便宜的電影票，就興起辦信用卡的念頭，當時的我什麼都不懂，只知道刷某幾家銀行的信用卡有電影優惠，就貿然挑戰辦卡。由於我當時是小白（信用紀錄一片空白），理所當然的，辦卡過程跌跌撞撞，不過在幾經波折後，最終還是順利以學生身分，辦了我人生的第一張信用卡。

之後在因緣際會下，於某一次開戶時，又順利辦了第二張當時算是滿熱門的網購卡，也是我正式跳入信用卡坑的契機，從此就對信用卡產生很大的興趣，不僅開始研究各種優惠，甚至還拿來當成研究論文的主題。

在當時，相關資訊來源幾乎只有 PTT 信用卡板、卡優新聞網等網站，幾乎沒有知名的部落客或 YouTuber 專攻這方面的題材，與現在的資訊爆炸時代相比，當年整理資訊需要花上更多工夫。

之後，一方面為了幫助統整論文資料，一方面也是因為培養出興趣，我創立了「SourSoul 信用卡快爆」這個部落格，在上面寫下各種信用卡資料的整理心得，並開始與網友互動、交流。此外，

我也透過 PTT 信用卡板認識了寶可孟、輝哥以及其他志同道合的朋友，一起討論信用卡的題材，最後更在寶可孟的幫助下，成立了「卡板邦聯盟」。

使用信用卡是一門藝術，也是一種技巧。用得好可以讓你省下不少錢、拿到不少回饋，甚至還可以獲得免費機票出國玩；用得不好會讓你欠一屁股債，更有可能因此家破人亡。

你現在在網路上會看到各種信用卡資訊，網路上的分享五花八門，網友介紹的卡片也不盡相同。舉例來說，我的辦卡目的可能是累積哩程，但你想要現金回饋，因此我用的卡片並不百分之百適合你，但你可以學習我的技巧，並整合其他資訊，融會貫通後，找到屬於自己的信用卡藝術。

本書除了介紹許多信用卡知識之外，更重要的是，寶可孟也在書中分享他如何找出屬於自己的信用卡藝術，以及發展至今的心路歷程。

你只要詳讀這本書，就不需要像我一樣自己從頭研究信用卡，經歷埋頭找資料的黑暗期。你可以跟隨寶可孟的腳步，更輕鬆、更快捷的，刻劃出屬於自己的信用卡藝術。

「能刷卡絕不付現」是我現在的座右銘，因為既然可以用刷卡省錢，為何要用更浪費的方式購物？希望你在看完這本書後，也會跟我有一樣的想法。

推薦序四
學會寶可孟的信用卡理財術，存第一桶金不是夢

知名部落客／小資人妻 Renee

恭喜寶可孟出書！

2018 年，我在一次餐敘場合認識寶可孟，當時他已經是持有 365 張信用卡的超強達人。在那次餐敘上，他熱情的分享他對信用卡市場的理解，至今仍讓我印象深刻。

然而，這幾年信用卡跟行動支付發展越來越快速，要推出一本用信用卡理財的書籍，並不是容易的事，因為市場狀態可能會隨時變化，但寶可孟運用他強大的整合能力，在本書分享了大量的資訊，包含：

• 關於各種信用卡的介紹、信用卡市場的小八卦。

• 如何用信用卡省錢、甚至「理財」，幫自己有感加薪，而且是人人都可嘗試的簡單方式。

• 自身的用卡、管理卡片的經驗，以及傾囊相授在未來幾年仍很實用的刷卡攻略。

對小資族來說，這是一本很好懂又有趣的理財工具書。

　　不僅如此，這幾年網路新興產業崛起，很多人開始嚮往當網紅、部落客，然而這條路何其容易，尤其知識型網紅，在經營平臺的門檻越來越低、生活型網紅不斷竄起、知識性話題的市場有限等狀況下，要怎麼殺出血路生存，是必須不斷面對的難題。即便如此，寶可孟仍有辦法在短期之內成為知識型網紅，快速積累人氣、流量、粉絲，甚至成為報章雜誌、電視臺節目、網路節目的常客。

　　曾有同業知道我認識寶可孟後，希望能協助從中介紹，他們想要請益寶可孟的經營模式，由此可知寶可孟的經歷非常寶貴。因此，當我在書中看到寶可孟無私分享他如何成為理財達人時，我再度佩服他的慷慨。他光鮮亮麗的職稱背後，又有哪些箇中酸甜？相信這本書能為想嘗試當斜槓青年的人指點迷津。

推薦序五
市面上最完整的
信用卡攻略

知名理財旅遊作家／蕾咪

　　身為一名財務顧問，有時需要協助諮詢客戶處理債務問題，其中卡債問題最為棘手，因為信用卡債務屬於信貸，相較於房貸與車貸，利率非常高，因此我經常提醒理財新手「信用卡是個進階的理財工具」，在學習好理財規畫基本功前，不建議貿然的大量辦卡；如果你對信用卡一無所知，無法善用信用卡的延後付款、分期付款等優勢，或許你該找個機會來學習使用信用卡。

　　信用卡同時也是蕾咪熱愛的理財工具之一，設定好自動扣繳、預約轉帳、分類好卡片用途，就可以做到協助記帳與專款專用，甚至可以透過信用卡哩程賺機票與飯店、透過現金回饋替自己消費打折，也能因為與銀行有信用往來的關係，幫助自己累積良好信用，為了管理方便，我的信用卡數大約維持在 3 至 5 張左右。

　　本書作者寶可孟是信用卡界的達人，他熱愛信用卡並擁四百多張卡，並且熟悉每張卡片的優惠與特色，用心審視各家銀行推出的方案。

　　因此透過本書，你可以學到如何善用信用卡：管理信用卡帳單、快速的累積哩程、賺推卡獎金、判斷是否應該剪卡等，他在書

中毫不藏私的分享他的人生經驗與各種用卡技巧，我想這本書應該是目前市面上，最完整的信用卡攻略了。

最重要的是，寶可孟整理了許多非常實用的比較表，方便讀者能用最短的時間內，找到適合自己的卡片，推薦大家可以好好閱讀這本書，我想能夠為你們打開新的視野，用截然不同的觀點看待信用卡，也避免自己因為管理不當而陷入卡債之中，甚者，透過信用卡來為自己賺取更多的生活享受，賺回更多的現金。

但願閱讀這本書的各位，都能夠找到最適合自己的信用卡理財攻略。

前言
我的刷卡賺錢祕笈——
從卡債風暴到一年多賺 50 萬

　　大家好，我是寶可孟。你可能曾看過或聽過社群媒體、報章雜誌談到關於我的故事：一個青年北上奮鬥，因為喜愛信用卡成痴，憑著對卡片與點數的熱愛，最後駕馭信用卡成為王者。

　　大家一定很好奇，像我這種愛錢成痴的人，血液一定不是鮮紅色，而是象徵金錢的金黃色吧？小時候，我就對「錢」非常感興趣，鄰居小孩會把零用錢拿去買彈珠等小玩具，但我跟他們不一樣，特別喜歡把錢存下來的感覺。聽家人說，我小時候還會去雜貨店買一大盒戳戳樂，之後到三合院找鄰居小孩一起抽，定價抽一次 5 元，據說小賺了不少，儼然就是一個小小零售商。

　　另外，由於我家過去經營自助餐，有時需要人手幫忙顧店、結帳，小孩自然放學後都得去店裡幫忙。有上工，當然就要領薪水，這也是我賺點零用錢的好差事。

　　那時我有非常想要的電玩遊戲，就跟家人約好我不領薪水，只要從幫忙結帳的金額裡拿 1% 就好。我一筆筆記下結帳金額，當天就領了五百多元的現金，如願買了心儀已久的電玩。可說小小年紀就有抽佣的概念，超有生意頭腦。

　　我姑姑從小看我長大，以上種種行徑總是讓她感嘆：「家裡養了一隻錢鼠！」你知道錢鼠的叫聲聽起來像什麼嗎？「為錢死、為

錢死！」（請用臺語發音）我愛錢成痴的性格與趣事，成了家族茶餘飯後的話題。

靠信用卡居然可以一年多賺 50 萬？

現今這個世代，不像十多年前的卡債風暴，大家運用信用卡的觀念逐漸改變，**由「借貸工具」轉變為「支付工具」**。那麼，到底該怎麼靠信用卡理財、賺錢？以下是我在本書中，想和大家分享的兩大使用信用卡重點：

• **信用卡理財心法**：日常生活中的保費、水電費、超商小額消費，甚至連麥當勞消費都可以用信用卡支出，且能多賺現金回饋和紅利點數。如果你懂一些眉角，**並且把家裡的開支集中在主力卡上**，一年便有可能因此獲得 1 至 2 張免費機票。

• **信用卡賺錢心法**：早期銀行愛玩的揪團活動近期又回來了，只要發揮自己的影響力，邀請親友一起開戶辦卡，就可以拿到銀行補貼的刷卡金、點數。

這聽起來有點像是推卡的業務對不對？我甚至利用 MGM（Member Get Member，意指客戶介紹客戶，詳見第 1 章第 9 節）活動，**一年幫自己加薪 50 萬元**（詳見第 1 章第 10 節）。

另外，我也會透過 MGM 活動，把銀行給我的獎勵分給粉絲，雖然我拿的變少了，但會有更多人願意追隨我，這就是揪團的力量。賺錢的玩法除了 MGM，也有代刷代買、跑單幫（詳見第 1 章第 6 節）等。

你想了解更多利用信用卡理財、賺錢的祕笈嗎？那就趕快繼續看下去。

雙卡風暴讓父母變卡奴、親戚賠 2 棟房

每個人生命中總有許多的「第一次」，例如小嬰兒踏出人生的第一步、青澀男女的第一個交往對象，或青年族群的首購房屋，都足以紀念。對我而言，印象最深刻的就是「第一張信用卡」。先來跟大家聊聊，我對信用卡的最初印象。

2005 年，臺灣發生了雙卡（信用卡、現金卡）風暴，當時我在臺北公館讀大學，電視上每天都在報導，哪個地方有人因為卡債還不出錢，全家人燒炭共赴黃泉等自殺案例。

只記得當時大學教授說：「信用卡、現金卡都是毒藥，碰不得！」所以到出社會前，我對這個塑膠貨幣一無所知，反正大學生也用不到信用卡，平常的消費幾乎在學校餐廳解決，一頓飯不到100 元、一個月的伙食費不會超過 5,000 元，花費不凶。

不過我萬萬沒想到，本來以為跟我無關的卡債風暴，也燒到我家門口，並且深深的影響我的家人。那時我的父母不太懂信用卡，使用上很單純，只覺得不必領現金出來花還不錯，也不太懂信用卡帳單上「應繳總額」跟「最低應繳金額」的差異，每次收到花旗卡的帳單都只繳最低應繳金額，20% 的循環利率（目前現行法規規定，循環信用利率最高為 15%）讓卡費不斷累積，根本還不完。

大學畢業、當兵退伍後，我成為家中的經濟支柱，對家裡的經濟狀況有更多了解。當時，我把帳單全部攤開才發現，本金十幾萬

元的信用卡帳單，每個月我的父母居然只繳 3,000 元的最低應繳金額，當然怎麼繳都繳不完。

這樣到底什麼時候才能把錢還清？最後我央求父母先跟農會借一筆錢還卡債，不然我的人生可能一輩子都得跟這筆錢纏鬥。後來父母抵押農地，跟農會借了一筆低利率的 20 萬元貸款，才把這筆卡債還清。

令人難過的是，原本家境小康的親戚，因為不擅長理財，加上不懂信用卡帳單，一樣只繳最低金額，且投資失利後利用現金卡提現來周轉、繳卡費，搞到最後連信用卡的「最低應繳金額」都付不出來，法院直接法拍親戚在臺北土城跟彰化市區的兩棟房子。看在後輩的眼裡，當時我真心覺得，信用卡是個會導致家破人亡的恐怖大魔王。

我的第一張信用卡，額度 2 萬

有了上述的慘痛經驗後，我更是小心提防這種塑膠貨幣，視之為洪水猛獸。2011 年，我退伍開始工作，當時我就職於一家小型的網路公司，負責製作專案影片。到職的第一天，財務就請我去隔壁的銀行開戶。

開完戶後，櫃檯小姐問我：「先生，你要不要順便辦一張信用卡？幫我做個業績，拜託！」櫃檯小姐是個正妹，稍微撒嬌一下，男生就心軟，於是我就答應了。當時我心想：「不可能辦得下來吧？我連第一個月的薪資都沒有入帳，哪能拿到信用卡？」半信半疑之下簽完名就回公司。

　　神奇的事發生了，隔週我就收到中國信託（中信）的信用卡，把我嚇壞了。雙卡風暴才過幾年，我連第一個月的薪水都還沒有入帳，銀行就發卡給我。

　　話說回來，這張信用卡的權益倒是不怎麼樣：刷卡給予紅利點數回饋，一般消費 30 元可以累積 1 點紅利，指定通路紅利點數 2 倍送，依照中信 1,000 點紅利兌 80 元刷卡金來計算，刷卡回饋率是 0.26%。跟現今隨便一張信用卡都 1%、2%回饋起跳，當然是沒得比。

　　雖然信用卡來得快，但額度只有 2 萬元，這就是學生卡的額度，代表中信其實還是有做風險控管──銀行想讓我有機會拿卡多刷一點，所以發卡給我；但是又怕我刷了不還，因此只給 2 萬元額度上限。

▶ 我人生的第一張信用卡
　──中信金卡。

從省錢到賺錢，我用信用卡替自己加薪

然而，這張信用卡對我來說非常重要，不僅是我人生中的第一張信用卡，還讓我對信用卡產生興趣，想要更加了解這個塑膠貨幣是什麼東西，於是在好奇心的驅使下，我開始在網路上搜尋相關的資訊。

如果你是網路鄉民，一定知道 BBS 論壇──批踢踢實業坊（PTT），裡面有一個「creditcard」信用卡板，我在此看板上閱讀一篇篇文章，學習許多人分享的用卡心得跟辦卡小撇步。

我像是發現新大陸一般，開闊了視野也中了毒，天天都要逛板吸取最新知識，關於最流行的信用卡、該如何使用信用卡代繳水電費賺紅利、哪一家銀行的徵審對客戶有什麼特別的喜好等，我都能經由鄉民的分享，抓出一定的脈絡。例如：台北富邦銀行（北富銀）不喜歡有學貸的小白（信用紀錄一片空白）申請信用卡、花旗銀行對男性小白特別排斥，而對小白最友善的銀行，是上海商業儲蓄銀行（上海商銀）。

經過一陣研究後，我決定好好善用新戶的身分，開始申請其他銀行的信用卡。

2011 年左右，台北富邦有一張以加油聯名卡為基礎推出的 Car 省卡，主打加油有 5% 現金回饋（須綁定一般新增消費，但不含加油消費），還可以搭配指定加油站的每公升降價活動，真的很猛（現在此卡已停發下市）；另一張 2011 年的繳費神卡，就是花旗銀行的透明卡，主打在行動生活家 App 繳水電費享有 1% 現金回饋，非常實用。我發現這張卡後，馬上用此卡代繳家裡的水電費帳單，

然後將折扣回饋給家裡。

　　凡此種種，讓我開始檢視自己的日常花費，**是否能夠使用信用卡「省錢」，等到省出心得後，甚至發展出更進階的做法——利用信用卡「賺錢兼理財」**，這些都是利用銀行活動，為自己加薪的聰明做法。

　　現在回想，我還真的要感謝那位中信的承辦人員，若不是她推了我一把，我可能也不會有現在豐碩的收穫跟成就。

　　出書，對我來說是個「人生里程碑」。一個讀書人不能只是獨善其身，最終還是要為社會做點貢獻與付出。我想藉由出書進而影響社會，達成天天掛在心上的「改善臺灣金融業環境」使命，讓臺灣金融產業走向對消費者更加友善的方向。也希望每位讀者，都能透過這本「祕笈」，找到打開財富之門的金鑰。

　　回頭想想這一路走來，最大的恩人應該是《單身行不行》的製作人欣緻姊，還有居中幫我牽線的同事小熊，不然我怎麼可能會得到上節目的機會？也非常感謝幫本書推薦的沁宜姊、輝哥、CW、Renee、蕾咪、燕俐姊，以及忠心支持「大財神」寶可孟的所有「小財神」粉絲們，沒有這些鐵粉，就不會有這本書的誕生。

第 一 章

換現金、積紅利、攢哩程，
花出去的錢自己流回來

1
9 年辦四百多張信用卡，首刷禮拿滿滿

2019 年 12 月底，我向聯徵中心申請調閱自己的聯徵紀錄，證實自己從 2011 至 2019 這 9 年間，一共申請了 477 張信用卡。這個數字真的很可怕，但是也讓我非常有成就感。這到底是怎麼辦到的？

新戶領首刷禮 A 好康

我拿到人生的第一張信用卡——中信金卡後，開始對這個塑膠貨幣產生興趣，一頭栽進信用卡的世界。我得到第一張卡片後的心情已在前言簡單分享，那份興奮之情，就像是青少年掉入初戀的純純之愛。

之後，每次申請信用卡、收到銀行寄來的純白色信封，是我感到最快樂的時刻。我想，我是真的喜歡上這種「有信用卡相隨」的日子。

俗話說得好：「有一就有二，無三不成禮。」我越來越期待銀行寄來的信件，不論是帳單或信用卡，都讓我難掩興奮，想跟世人分享。如果你跟我一樣，對於收到信用卡有一種莫名的歡欣，那我們就是同路人——喜愛這款塑膠貨幣的同道中人。

　　除了收到信用卡的喜悅之情外，對我來說辦卡的另一個誘因就是「新戶首刷禮」。一張信用卡的首刷禮大約有 300 至 500 元的價值，例如行李箱、吸塵器、鍋子等商品。**如果你是新戶，請把握一生僅有一次的機會，獲得首刷禮。**

　　精明如你，一定想到這個問題：「那我可不可以拿到首刷禮後，剪卡停半年至一年，再重新辦，不是又有首刷禮？」我不建議這麼做，畢竟信用卡講求的是「信用往來」，剪了又辦、辦了又剪，銀行查聯徵紀錄就知道你在搞什麼把戲，**之後當你真的需要用卡、急著辦時，很可能會被拒絕往來。**所以在「賺首刷禮」這部分，我覺得量力而為就好。

▲ 我的信用卡集卡冊。9 年來已累積 477 張，目前持續增加中。

這麼多卡，年費要繳多少？怎麼管理？

過去我在接受媒體採訪時，新聞記者、節目主持人聽到我持有四百多張信用卡，第一個反應大都是震驚，接著就問四百多張信用卡的年費，要怎麼處理？該不會一張張的繳吧？這是個好問題，但大家其實不必太擔心信用卡年費。

原因在於臺灣的信用卡市場已過於飽和，以前是一家銀行出一張神卡，隔年才會有另一家銀行取而代之；現在競爭激烈，已經變成各家銀行每個月推一張神卡。

例如，2019 年 6 月永豐銀行推出「大戶現金回饋卡」；下個月玉山銀行立馬推出「U Bear 信用卡」應戰，把大戶現金卡的回饋比了下去。

據臺灣金管會所言，只有發卡量前兩名的銀行，信用卡才有獲利，其他絕大多數都是虧錢經營。由於競爭極度激烈，各家銀行總希望卡片能在持卡人身上多留一點時間，只要這張卡片被留在持卡人的皮夾內，就有被使用的機會。所以**當你致電客服要求剪卡時，銀行客服大都希望客戶留卡，此時減免年費的可能性會大幅增加。**

以上情形是針對普通型的信用卡，例如金卡、白金卡、御璽卡、鈦金卡等大眾化卡片；但有另一種卡片是必收年費，像哩程信用卡、銀行頂級卡。這種卡片多半權益優，或累積點數的比率優惠較好，因為銀行的發行成本高，故多半不願意免除年費。

我完全可以接受繳年費。只要某張卡有值得我使用的優惠，該繳的年費我就會繳（例如國泰世華長榮極致無限卡的年費為 2 萬元，但我靠這張卡賺到的哩程，兌換了單人亞洲區外站來回〔詳見

附錄二〕商務艙 4 段票，若用現金購買，價值為 6 萬 5,439 元）。
畢竟使用者付費，銀行有年費收益，才能推出更優質的服務。

【圖表 1-1】高年費信用卡比較

卡別	年費
美國運通百夫長卡	16 萬元
美國運通簽帳白金卡	3 萬 6,800 元
星展豐盛尊耀無限卡	3 萬 6,000 元
台新環球無限卡	3 萬元
富邦 IMPERIAL 尊御世界卡	2 萬 5,000 元
台新昇恆昌無限卡	2 萬 5,000 元
遠東頂級快樂卡	2 萬 4,000 元
花旗 Prestige 卡	2 萬 4,000 元
國泰世華長榮極致無限卡	2 萬元
滙豐華航無限卡	2 萬元
花旗寰旅尊尚世界卡	2 萬元

四百多張信用卡帳單，我這樣管理

　　信用卡多的人，一定會遇到一個棘手的問題——該如何整理帳
單？其實一點都不難：

• 善用 Gmail 的分類標籤功能：你可以利用 Gmail 的分類標籤功能，把同一家銀行寄給你的信，直接歸類於指定標籤之下，這麼做信箱就不會被各種廣告信淹沒。我的做法是每家銀行設立一個標籤，看到標籤旁的數字，就知道有來信（見右頁圖左方）。如此一來，信件寄到信箱時就自動分門別類（搭配建立篩選器功能），不必再手動整理。此為備份 1。

• 在電腦中建立各銀行的收納帳單資料夾：我在收到銀行的信用卡電子帳單時，會馬上下載並開啟，一一確認帳單金額無誤後，再放進電腦中的資料夾（見右頁圖右方），未來遇到信用卡帳款疑問，或想查詢過去的帳單時，可以直接從資料夾中查詢，非常方便。此為備份 2。

• 在網路硬碟備份：我推薦大家使用 Dropbox 保存帳單，免費的版本就有 1G 至 3G 左右的容量，足夠讓你放好幾年的 PDF 檔。我會使用 Dropbox 的同步功能，只要在本機有任何更動，Dropbox 亦會同步更新。此為備份 3。

以上三組備份，就可以做到所謂的「狡兔三窟」，其中一組資料消失、毀損，你仍有機會從其他地方找回來。若不幸遇到電腦中毒、重灌，只要把雲端資料重新下載到本機即可，不會有找不回來的悲劇。

關於實用的省時間繳費技巧，**我建議大家設定帳戶自動扣繳信用卡費。**一般人可能會擔心盜刷的風險，其實有問題的款項，你在第一時間收到信用卡電子帳單時，只要一一察看就會發現。使用自動扣繳功能是省下去超商、銀行繳錢的珍貴時間，但「**每個月檢查**

☰ M Gmail	🗂 _信用卡活動存檔
	🗂 004 台灣銀
＋ 撰寫	🗂 006 合庫銀
	🗂 007 美國運通
	🗂 007 第一銀
	🗂 008 華南銀
▼ 📁 銀行／郵局	🗂 009 彰化銀
📁 000金管會	🗂 011 上海銀
📁 001聯徵中心	🗂 012 北富銀
📁 004臺灣銀	🗂 013 國泰銀
📁 005土地銀	🗂 017 兆豐銀
📁 006合庫銀	🗂 021 花旗銀
📁 007第一銀	🗂 024 美國運
📁 008 樂天卡	🗂 052 渣打銀
📁 008華南銀	🗂 081 匯豐銀
📁 009彰化銀	🗂 108 陽信銀
📁 011上海銀　1	🗂 700 中華郵
📁 012富邦銀　18	🗂 803 聯邦銀
📁 013國泰銀	🗂 805 遠東銀
📁 017兆豐銀　3	🗂 806 元大銀
📁 021花枝銀　1	🗂 807 永豐銀
📁 024美國運通	🗂 808 玉山銀
📁 039澳盛銀	🗂 809 凱基銀
📁 048王道銀	🗂 810 星展銀
📁 050台企銀	🗂 812 台新銀
📁 052渣打銀　1	🗂 822中信銀
	🗂 2018.08 中信盜刷事件
	🗂 JCIC聯徵
	🗂 信用卡申請資料
	📄 AE比較表.docx

▲ 利用分類標籤、資料夾管理帳單。

帳單」這件事，還是一定要做。

卡片辦越多，我出門購物更理性

每次遇到媒體採訪，他們的第一個問題總是：為什麼辦那麼多張信用卡？第一個原因是「收集卡片」。我不見得會刷每一張信用卡（基本上核卡有送首刷禮的，我一定會滿足刷卡門檻）。現在全民美感意識抬頭，臺灣近年來卡面設計越來越精美，畢竟卡片從皮夾拿出來用，一方面也代表品味，所以近期銀行推出的卡面，很多都極具巧思與質感，讓人更想收藏。

第二個原因是「為了卡片的優惠而申辦」。每次出門前，我會依自己的消費需求，**先想好會用到的優惠再帶卡出門，沒有帶與優惠相對應的卡片絕對不刷**。堅守此鐵則，就不會讓我「為了花錢而花錢」，冷靜的思考最大化自己利益的消費模式，可避免不理性的衝動購物。

信用卡大辭典──有趣的鄉民用語

信用卡用久了，就會發現一些與信用卡相關的網路鄉民用語，由於這些用語的關係，讓喜愛信用卡的人之間的關係更加緊密，像是擁有共同祕密的小圈圈一般。以下我要向大家介紹一些有趣的信用卡用語：

小白，銀行最不喜歡的人

　　「小白」泛指信用紀錄一片空白者。通常初出社會的新鮮人，因為沒有跟銀行有任何的往來紀錄，當這些人申請信用卡時，調出來的聯徵紀錄都是「一片空白」，故稱之為小白。

　　小白有差嗎？有的！有的銀行不喜歡小白，覺得信用風險大增，故會直接拒核。我會建議**剛出社會的新鮮人，先從「對小白友善」的銀行下手**，例如上海商銀就是很願意給小白機會的銀行。先申請該銀行的信用卡，等到使用一段時日（約莫半年左右），累積足夠的信用資歷後，再來挑戰其他銀行，甚至是外商銀行，挑戰成功的機率會較高。

老白，買房買車比較難貸款

　　跟小白相反的，就是「老白」，泛指年過三十卻「信用紀錄一片空白」者。此時銀行可以合理懷疑當事人曾經信用不良，並且經過債務協商，經過多年的等待期、完全洗白後，才打算開始自己的「卡片第二春」。

　　老白有差嗎？有的！有些銀行看到年紀一大把、卻沒有任何與銀行往來紀錄的申請者，可能會直接退件。建議大家**及早使用信用卡，建立自己跟銀行的良好信用往來紀錄**，將來想辦其他信用卡，或申請貸款等業務往來時，比較不容易被拒絕。

歸零膏，給你好康卻吃不到的卡

有些信用卡的活動與條款中會特別規定，若沒有在次月新增消費，刷卡回饋金即會「歸零」，被消費者譏諷為「吃歸零膏」。其中以台北富邦、聯邦銀行這兩家「雙邦」最知名。2019 年 3 月底，台北富邦由於歡慶「OMIYAGE 卡」上市，把歸零膏的條款延長為「半年」，讓大家的回饋金不會因為不小心沒消費而被銀行收回。

美國運通的大白、小白、百夫長卡，上流社會的象徵

「大白」指的是美國運通簽帳白金卡，年費 3 萬 6,800 元。年收入有 160 萬元，或近 3 個月帳戶維持平均存款餘額 200 萬元以上、房子扣除貸款後淨值超過 1,500 萬元以上者，始可申請。

「小白」指的是美國運通信用白金卡，年費 8,500 元。年薪超過 50 萬元即可申請，或近 3 個月活定存超過 100 萬元、房子扣除貸款後淨值超過 1,000 萬元以上者，始可申請。

「百夫長卡」即為黑卡，美國運通並未公布申請所需之財力證明，而是由美國運通自行評估後主動邀請申請。百夫長卡不僅是一張銀行卡，更代表一個高收入和享受奢侈消費的上流社會。百夫長卡足以支付任何個人想要的物品，只接受邀請註冊且須支付高昂的年費，臺灣版的黑卡年費是 16 萬元。

無腦卡，此無腦非彼無腦，指的是消費者最愛的卡

大家常說的無腦卡，不是貶低持卡人是無腦白痴，而是指該張信用卡的全方位回饋，讓你不需要燒腦，怎麼刷都有回饋。這種卡多半受到大多數人的青睞，畢竟人生有太多事要煩惱，為什麼刷個卡還要東算西算？一張無腦卡，讓你的生活更簡單。

超難聽的 LP 卡──中信 LINE Pay 卡

LINE Pay 在 2017 年跟中國信託推出聯名信用卡，但有時打那麼多英文字很麻煩，故許多人直接簡稱為 LP 卡。我們都知道「LP」用臺語唸有男生生殖器之意，所以……叫這張卡為 LP 卡，也帶有一點負面的意思。

廢牡蠣──大哥變二哥

「廢牡蠣」一詞源自於中信的主題曲──〈We Are Family〉。由於中信坐擁信用卡一哥時日已久，但卡片優惠有時超廢，故鄉民把這首歌用中文寫下：「嗚依──啊──廢牡蠣。」因為它真的很廢。但近年中信的卡片權益有所改善，多半是因為被國泰世華超車，成為市場老二，所以開始祭好康。

在花枝領事館，別得罪方丈

「花枝」是指花旗銀行。「花旗」用臺語唸，發音就像「花枝」，故有此諧音；「領事館」指的是前往花旗銀行開戶，須簽下至少 30 至 50 個名字，開戶時間長達一小時以上，消費者像踏入化外之地、被審問的犯人，因此鄉民譏諷花旗銀行為「花旗領事館」。

「方丈」一詞，源自於周星馳電影《食神》：「得罪了方丈還想走，沒這麼容易。」為何這麼說？因為你只要剪了花旗卡，之後要再辦卡可是難上加難，PTT 信用卡板上就有血淋淋的案例：有網友曾經擁有花旗卡，剪了後要再辦卻怎麼辦都辦不過，故有此名號。

大樹銀行

指國泰世華銀行。其 LOGO 上有一顆綠色的大樹，鄉民代稱之為「大樹」。

很有意思吧！對這些用語有初步的認識後，你是不是對信用卡越來越感興趣了？

2

發卡銀行、商家的陽謀：
讓你刷到剁手指

　　根據聯合徵信中心資料統計，臺灣男性每人平均持卡 3.94 張、女性 4.34 張，可見現代人幾乎不只一張信用卡，但你可曾注意過，每張信用卡右下方都有一個發行組織，例如 VISA、萬事達卡（Mastercard）、JCB 等。他們彼此之間有什麼不同？

　　目前全球一共有六大發卡組織：VISA、萬事達卡、JCB、AMEX 美國運通、UnionPay 中國銀聯、Discovery，但這些發卡組織並不會直接發行信用卡。

　　發卡組織會跟銀行簽定合作條款，主要提供發卡組織的優惠給銀行，再由銀行發行信用卡。以「玉山 Only 卡」為例，玉山銀行為發卡銀行，合作國際發卡組織為 VISA，所以消費者使用這張卡，除了享有玉山提供的刷卡紅利點數之外，也享有 VISA 提供的「國際機場接送」、「國際機場貴賓室」優惠。你用這張卡在海外交易，會被收取 1.5％的交易手續費，其中 1％由國際發卡組織 VISA 收取，0.5％則由銀行收取。

　　發卡組織的主要任務，是與全球更多的會員店家結盟，根據不同的行銷預算推出不一樣的優惠折扣。像 VISA、萬事達卡、JCB 均各有特色：去日本玩，首推 JCB 卡，一來匯率較優，二來地主國的貴賓室跟商店折扣非常多；而 VISA 和萬事達卡則在歐美地區

使用較通行無阻，一般的刷卡匯率也比較好。

臺灣也有像發卡組織一樣的單位，叫做「聯合信用卡中心」（National Credit Card Center of R.O.C.），簡稱 NCCC，主要處理國內的交易授權、清算服務等業務，本身不發行信用卡。

NCCC 還有另一個服務「小額支付平臺」。大家是否發現，越來越多的小商家都可以接受刷卡，像是麥當勞、超商或早餐店，就是利用小額支付平臺。只要銀行參與此服務，持卡人即可在小額支付特約通路上刷卡消費，別小看這些不起眼的小額支付，一點一滴的累積也有可能換到紅利點數（詳見第 2 章第 4 節）。

怎麼算都是賠錢生意，銀行為何還不斷發行信用卡

一般而言，你每刷一次信用卡，銀行會向你消費的商家收取 1.55％至 2％不等的交易手續費。除此之外，若你當期沒有把該月的信用卡款「全額繳清」，銀行也會向你收取未清償餘額的循環信用利息（目前金管會規定，最高不能超過 15％）。還有，如果你不小心逾期未繳，銀行也會加收一筆 300 元的逾期滯納金。這些都是發卡銀行的收入。

銀行發行信用卡的另一個重要功用是「收集大數據」。你刷卡之後，銀行後端的系統資料庫就會收集你的資料，例如經常在哪裡消費、有沒有固定的消費模式，再經由人工智慧推算當事人可能感興趣的活動，進而讓銀行以此資訊寄送促刷簡訊、派銷售人員致電推銷金融產品等。

信用卡是銀行獲取個人訊息的基本工具，其中最珍貴的，就是將來能為銀行帶來「財富管理業務」、「金融商品銷售」的可能性。所以即使目前多數發卡銀行都屬於虧損的狀態（例如，人事成本很高、要投入大量行銷費用，還要給消費者現金、紅利、哩程回饋等），但銀行還是願意為了這個大數據，不斷發行新卡或與商家合作發行聯名卡。

近年來，有越來越多的銀行跟商家發行聯名卡，主要是因為銀行想要商家的會員數，以增大自己大數據資料庫的母數；而合作商家可以藉由銀行的系統壯大自家的會員基數，兩者相乘起來有一加一大於二的成效，所以銀行跟商家均喜歡發行「聯名卡」。

以 COSTCO 聯名卡為例，知名量販店 COSTCO（好市多）的門口，天天有國泰世華的業務在一樓站崗，因為 COSTCO 的人潮就是國泰世華的「現金流」，只要消費者辦一張國泰世華 COSTCO 卡，銀行就有切點可以把這些消費者變成自家的理財客戶，未來賺取財富管理的手續費收益。

商家賺什麼？靠「刷卡」讓你買到很想剁手指

你可能很好奇，銀行向商家收取 1.55% 至 2% 這麼高的交易費，為何商家還是選擇與銀行合作？

一般來說，消費者要買高價商品時，「掏出現金」跟「刷卡」結帳的感覺不一樣。直接掏錢，會讓人覺得心在淌血；但後者只是單純的「掏一張卡」出來刷，不會讓人有痛的感覺，因此在店員的花言巧語下，刷卡容易讓消費者失手多買了不該買的東西。所以對

商家來說，「信用卡」是讓消費者卸下防衛心態的重要工具。

如果你在某家店看到感興趣的商品，商家也有提供刷卡服務，再加上店員在旁邊「搧風點火」：「反正刷卡還可享有現金回饋、紅利點數，何樂而不為？」這時你可能會耳根子軟，沒多加思索就刷卡結帳，等到回家後熱情消退，才懊悔為何買了不合適的東西。

消費者如何抵抗？「擼羊毛」的精神，你我都有

明明想要靠刷卡累積的紅利點數或現金回饋省錢，卻因為商家、銀行的廣告，反而落入行銷陷阱中——於是，我在幾年前成立了臉書私密社團「擼羊毛幼幼班」，來幫助粉絲對抗這種不理性的消費誘惑。

所謂「擼羊毛」，是來自年輕人之間的流行用語，意指熱衷於收集金融理財資訊，透過賺取相關優惠與紅利，一點一滴的把花出去錢又擼回來。這種行為對於職場中的七、八年級生，特別有吸引力，如果最後有得到優惠或紅利，就是俗稱的「解任務」。

在「擼羊毛幼幼班」裡，我除了介紹最新的理財新知外，也會分享我對信用卡市場的觀察、須注意的辦卡陷阱。不只如此，我甚至會在社團中定期舉辦活動、逢年過節灑紅包回饋成員。

不管你目前是不是我這個社團的成員，人人都可以貫徹「擼羊毛」的精神——你可以利用本書傳授的信用卡賺錢祕笈，累積刷卡金、紅利點數、哩程數，在食衣住行育樂上做到聰明理財。

銀行最愛玩的信用卡三大把戲：現金、紅利、哩程回饋

　　想要讓消費者不斷辦新卡，銀行就得提供不錯的誘因，目前銀行最愛玩的三大把戲就是現金、紅利、哩程回饋，其中又以哩程回饋是近年來最受歡迎的誘因。

1. 現金回饋：

指消費者使用信用卡購物後，銀行回饋刷卡金或回饋現金至個人帳戶。假設本期刷卡金額為 1 萬元、現金回饋比率為 1%，消費者就會得到 100 元的現金回饋（目前多數信用卡的現金回饋折抵方式，為自動折抵當月或次月帳款；**少數信用卡採用回饋現金至個人帳戶的方式，例如永豐大戶現金回饋卡**）。

2. 紅利回饋：

指消費者使用信用卡購物後，銀行回饋紅利點數。一般而言，信用卡紅利點數的兌換比率，是每刷卡 20 至 30 元累積 1 點紅利點數，紅利點數通常可用來折抵現金、換購商品或服務（像是折抵停車費、機場貴賓室等）。

3. 信用卡哩程：

消費者使用銀行與各大航空公司推出的聯名卡購物後，銀行會依消費金額比例提供哩程點數。累積一定的哩程數，可以兌換機票、貴賓室使用券或讓座艙升等。這是目前最吸引小資族的回饋方式，我就利用信用卡的哩程點數，兌換了 2 張商務艙、5 張經濟艙的臺北東京機票，帶一家七口去日本旅遊（詳見本書第 1 章第 6 節）。

【圖表 1−2】現金、紅利、哩程回饋比較

信用卡回饋類別	現金回饋	紅利點數	航空公司哩程
特性	• 刷不多也能入手，回饋金多為刷卡金折帳或入個人帳戶，所以不會過期 • 適合一般社會大眾	• 點數有機會增值 • 適合中度型刷卡一族（年刷 30 萬元左右）	• 哩程兌換中長程商務艙，回饋率是現金回饋卡的好幾倍 • 點數增值空間大
缺點	• 現金回饋比率多年不變，沒有向上增值的空間（目前多為 1%）	• 點數要累積到一定的量才能兌換，刷太少累積不易 • 點數有可能會貶值 • 部分信用卡的紅利有點數效期	• 哩程有時會貶值 • 銀行兌換比例一改變也會貶值 • 部分哩程卡有點數效期

目前最流行的付款方式：
行動支付上綁定信用卡

行動支付是指使用「行動裝置」（像是手機、平板）進行付款的服務。在不需要使用現金、支票或信用卡的情況下，消費者可利用行動支付嘗試各項服務，包括付費購買數位跟實體商品。近期因電信 4G 的普及、智慧型手機的平民化，讓更多人得以使用行動支付，也是未來各大行動支付業者、銀行的兵家必爭之地。

而行動支付目前分為用掃描支付或是用 NFC（Near-field communication，近距離無線通訊）感應支付，可以綁定銀行帳戶或信用卡。

什麼是掃描支付？就是你只要打開手機中的 App，並且打開 QR Code 的畫面掃描就完成支付。掃描支付代表業者有 LINE Pay、街口支付、Pi 拍錢包支付、歐付寶等。

什麼是 NFC 感應支付？感應支付是利用 NFC 感應刷卡機的一種支付方式，除了透過手機上內建的 NFC 功能外，NFC SIM 卡也有同樣的功用：消費者將信用卡綁定在有 NFC 功能的手機後，手機就被授權擁有該信用卡資格，因此感應支付可以替代以往將信用卡交給店員、讓店員刷卡的動作。當你要付款時，僅需要讓手機靠近感應刷卡機臺就能輕鬆付款，像是 Apple Pay、Google Pay、Samsung Pay 均為感應支付。

目前最流行的付款方式，重點不是行動支付，而是在行動支付上綁定信用卡。過去如果你單純用信用卡消費，根據卡片回饋設計，消費者可以取得刷卡紅利、現金回饋、哩程等額外的好康。但

如果你在行動支付上綁定信用卡，那麼就可以一魚兩吃，左手拿行動支付回饋，右手領信用卡公司的紅利回饋，獲得雙倍的好處。不管你怎麼算，都比用現金支付還划算。

讀到這裡，相信你已進入擼羊毛的初階班，現在讓我們往更高級的擼羊毛班邁進。

【圖表 1-3】掃碼行動支付 vs 感應式行動支付

類別	掃碼行動支付	感應式行動支付（NFC）
代表業者	LINE Pay、街口支付、Pi 拍錢包、歐付寶、FamiPay、LETSPAY、台灣 Pay（限 iPhone）、Hami Pay（限 iPhone）	Apple Pay、Google Pay、Samsung Pay、Garmin pay、Fitbit Pay、Hami Pay（限 Android）、台灣 Pay（限 Android）
支付方式	掃描 QR Code 支付，或透過店家讀取手機上的條碼支付	用手機或穿戴裝置（如 Apple Watch 智慧型手錶），直接在刷卡機上感應付款
優點	一般中階型的智慧型手機即可使用	手機靠近感應刷卡機即可支付，算是相對簡單
缺點	對中高年齡層的使用者來說，還是太過於複雜，推廣不易	手機需要支援 NFC 感應功能才能使用

3

我連水電瓦斯費都刷卡，
馬上省 6%

　　說到水電瓦斯費，多數人都是拿到帳單後，去便利超商用現金繳費就解決了。當然也有人選擇使用銀行帳戶轉帳扣繳，省下每個月拿帳單繳費的時間。其實你還有更聰明的選擇。

　　我在初次踏入信用卡的世界時，就發現用某些信用卡繳水電費，竟然也有現金回饋、紅利可以拿，立刻打電話回家請父母把家裡水電、瓦斯的帳單全部整理好，打算一一使用信用卡代繳，幫家裡多省錢。

代繳水電費回饋始祖：花旗透明卡

　　花旗透明卡是我的第一張花旗信用卡。十多年前，「擁有一張花旗卡」是很厲害的一件事，在路上橫著走也有風。而透明卡的卡面真的有一半是透明的，你可以從卡片正面看到背面的資訊，非常有趣。

　　它最令人感到佩服的，是生活代繳費用享有 1% 至 2% 的回饋，在當時可謂超級優惠。不過這張卡目前已經停止申辦。因此，我推薦給你另外三種超值方案：

1. 花旗紅利卡，代繳享紅利 1 倍回饋

花旗紅利卡的原名為花旗超級紅利回饋卡，早期推出時，是以指定四大族群（血拼族、戀家族、暢遊族、愛車族）的消費享紅利 3 倍回饋打響知名度。在 2020 年後，正式更名為花旗紅利卡，主打的優惠有個亮點：「指定通路繳納水電瓦斯、悠遊卡自動加值享紅利」，只要透過「花旗卡好繳」或「網銀代繳水電瓦斯費」等項目，可享有單筆每 30 元累積 1 紅利點數。

大部分的信用卡拿來代扣繳水電費均無回饋，僅有花旗在早期有推出額外的紅利回饋；而這張卡依然保持這個傳統，不過只剩下 1 倍紅利，換算現金回饋率約 0.16％。如果你覺得這個回饋率太低，我介紹給你另一招祕訣。

2. 台新線上繳費平臺搭配＠ GoGo 卡：享 1.5％回饋

台新銀行有推出一個線上繳費平臺，只要在上面使用＠ GoGo 信用卡代繳水電費等費用，均享 1.5％的現金回饋。這個數字怎麼來的？就是信用卡的 0.5％原始回饋（無上限），搭配 Richart 數位存款帳戶自動扣繳卡費的 1％加碼（每個月上限 500 元），合計 1.5％回饋。大家都可以在這個平臺刷卡代繳水電費、電信費、保險費、第四臺月費、社區管理費、學雜費，請多加利用。

Richart 數位存款帳戶是台新銀行推出的劃時代產品，推出三年多以來已有三百多萬用戶，是目前臺灣最多用戶的數位帳戶領導品牌。第二大數位帳戶是王道、第三是國泰世華 KOKO。

▶ 用花旗紅利卡繳水電瓦斯、悠
　遊卡自動加值享 1 倍紅利。

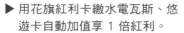

◀ 左上為 @ GoGo 卡的悠遊
　卡、左下為 icash 卡、右下
　為原始版。

　　這幾年很多銀行主推數位帳戶，因為過去的傳統帳戶，你常得臨櫃才能處理，光是抽號碼牌、等叫號，就花掉不少時間。數位帳戶主打的就是「免臨櫃」，幾乎所有大小事，都可以在手機的 App 裡完成，這對年輕人來說非常具有吸引力。而銀行則把省下的人事成本，變成額外的回饋給消費者，導致這幾年數位帳戶大幅成長。

數位帳戶和傳統帳戶不同，數位帳戶可以透過網路進行開戶，且消費者不會獲得實體存摺，如果消費者想即時查帳也必須利用網路。**傳統帳戶的活儲利率多介於 0.15%至 0.2%，數位帳戶通常是 1%以上。**

3. 行動支付加入戰局：代繳水電也有最高 6.5%回饋

近年來 LINE Pay、街口支付、Pi 拍錢包、歐付寶的競爭已經進入白熱化的時代。舉例來說，街口支付目前已在 App 內開放「繳費」功能，如水費、電費、路邊停車費均可使用「銀行帳戶」或「綁定信用卡」繳費。以下分成兩個部分討論回饋：

• **帳戶支付 2%回饋**：街口支付在 2018 年，開放綁定銀行帳戶扣款入「街口帳戶」功能，只要使用綁定的銀行帳戶或街口帳戶餘額繳費，均可拿到 2%的街口幣（約等於 2%的現金回饋）。

• **信用卡代繳 6.5%回饋**：行動支付綁定信用卡，消費者也可以賺到更多回饋。例如 2020 上半年使用街口支付搭配彰銀 my 樂卡，可以拿到 6.5%的刷卡金回饋。

彰銀 My 樂卡在 2020 上半年，有一檔「6Pay 享 6%」活動（2020 年 6 月 30 日以前，於指定的 6 款錢包〔台灣 Pay、Google Pay、LINE Pay、街口支付、歐付寶、Pi 拍錢包〕綁定 My 樂卡消費，享 6%現金回饋），加上卡片基本 0.5%刷卡金回饋，活動 6%＋基本回饋 0.5%＝ 6.5%；或在街口支付上綁定玉山 U bear 卡繳水電費，享 5%的網購回饋，每期回饋上限 600 元。

除了街口支付之外，由 PChome 集團推出的 Pi 拍錢包 App，裡面也有代繳水電費的功能。假如你已持有玉山 Pi 拍錢包信用卡，我就很推薦把這張卡綁定 Pi 拍錢包 App，並直接繳水電費。

2018 年 Pi 拍錢包開放繳電費時，還很佛心的給予 3.5%P 幣回饋（P 幣可於 Pi 拍錢包合作商店折抵使用，1 點 P 幣價值等於 1 元），但 2019 年 1 月 1 日起，就只剩下「P 幣折抵功能」，不給予回饋點數了；不過水費的部分，仍然有回饋 P 幣，4%P 幣回饋算是非常高的回饋率，千萬要好好把握這個省錢的撇步。

能用信用卡繳錢，我絕不用現金

上面零零總總介紹這麼多，大家一定看得頭昏眼花吧？沒關係，我就直接列出本人最常使用的懶人包，供大家參考：

因為水電費是剛性支出（必需品支出），所以我**能用信用卡代繳就絕不用現金**。至少用卡片代繳，本金還可放銀行帳戶多賺一點利息，對資金運用上有好處。

電費的部分，我在 2020 上半年使用街口支付搭配彰銀 my 樂卡，搭配「6Pay 享 6%」活動，活動 6% ＋基本回饋 0.5% ＝ 6.5%，共可以拿到 6.5% 的刷卡金回饋。活動每個月上限 300 元，所以刷 5,000 元（300 元÷ 6% ＝ 5,000 元）以內，可以拿到 6.5% 回饋。

第二選擇則是玉山 U bear 卡，只要在街口支付上綁定此卡繳水電費，可享 5% 的網購回饋，每期回饋上限 600 元，所以刷 1 萬 2,000 元（600 元÷ 5% ＝ 1 萬 2,000 元）以內可拿到 5% 回饋。

再來是自來水費的部分，我會使用 Pi 拍錢包 App 搭配玉山 Pi 拍錢包信用卡繳費，可享有 4% 的 P 幣回饋。

最後就是天然瓦斯費，我會使用街口支付搭配台新街口支付聯名卡，基本回饋 1.5%P 幣＋上市加碼 4.5%＝ 6% 街口幣回饋（街口聯名卡的上市活動到 2020 年 3 月 31 日）。之後可使用街口支付搭配 @GOGO 卡，享有 3.5% 的回饋。

其實信用卡與行動支付的發展，近年來已進入戰國時代，每一家業者無不灑幣祭優惠，為的就是搶消費者的眼球跟消費習慣。只要把握正確的檔期與卡片優惠，你絕對能省下不少錢。也提醒大家，**每一個信用卡優惠都有規定期限，在使用卡片賺到優惠前，別忘了在官方網站查詢活動期限**，以免白費心機。

【圖表 1–4】寶可孟一家怎麼用信用卡省水電費

項目	水費	電費 （營業用電）	瓦斯費
金額	300 元	5,000 元	800 元
支付使用 App ＋ 信用卡	Pi 拍錢包 App ＋ 玉山 Pi 卡（共 4% P 幣回饋）	街口支付 App ＋ 彰銀 my 樂卡（共 6.5% 刷卡金回饋）	街口支付 App ＋ 台新街口卡（共 6% 街口幣回饋）
省下多少錢？	300 × 4%＝ 12 點 P 幣	5,000 × 6.5%＝ 325 元刷卡金	800 × 6%＝ 48 元街口幣

總支出：300（水費）＋ 5,000（電費）＋ 800（瓦斯費）＝
　　　　 6,100 元

回饋：12 ＋ 325 ＋ 48 ＝ 385

總回饋率：385 ÷ 6,100 ＝ 6.3%

註 1：1 點 P 幣、1 元街口幣價值各等於 1 元。

註 2：我家有營業用電，故電費比一般家庭高。

注意事項：

1. 玉山 Pi 卡回饋的 P 幣有 180 天使用效期，須在時間內折抵完畢（亦可折抵下一次的水電費支出）。

2. 彰銀 my 樂卡回饋之刷卡金，可折抵次期刷卡金（6.5% 分為 6% 跟 0.5%，6% 的刷卡金不會有刷卡金過期的問題，0.5% 的刷卡金須於次月有新增消費才能折抵，未有新增消費即會歸零）。

3. 台新街口聯名卡回饋之街口幣，每年 5 月 31 日會過期。可於下次消費時折抵 30% 的消費。

4
電信聯名卡，
8％現金回饋爽爽拿

　　另一個跟民生議題習習相關的手機網路電話費，除了搶到最低價的吃到飽合約外，還有什麼省錢的撇步？有，刷卡。

　　聯邦銀行是銀行界裡超有名的摳門銀行，專門設計大大小小複雜到不可思議的活動細則。但除了令人不敢恭維的銀行活動外，還是有兩張值得大家入手的信用卡：理財型白金卡、理財型無限卡，也就是小套牢、大套牢卡。為什麼叫「套牢」卡？我解釋給你聽：

　　• 聯邦銀行理財型白金卡：核卡後銀行先收取 5,000 元年費，但每個月會回饋 450 元至你的帳上，只是你每個月得刷 450 元以上才能折抵，一整年下來總計回饋 5,400 元。若你每個月都有刷足，等於多拿 400 元的回饋金，合計回饋率為 8％。

年費：5,000 元

回饋：每個月 450 × 12 ＝ 5,400 元

多得：5,400 － 5,000 ＝ 400 元

回饋率：400 ÷ 5,000 ＝ 8％

•**聯邦銀行理財型無限卡**：核卡後銀行先收取 1 萬 2,000 元年費，但每個月會回饋 1,080 元至你的帳上，同樣的，你每個月得刷 1,080 元以上才能折抵，一整年下來總計回饋 1 萬 2,960 元。若你每個月都有刷足，等於多拿 960 元的回饋金，合計回饋率為 8％。

年費：1 萬 2,000 元

回饋：每個月 1,080 × 12 ＝ 1 萬 2,960 元

多得：1 萬 2,960 － 1 萬 2,000 ＝ 960 元

回饋率：960 ÷ 1 萬 2,000 ＝ 8％

▲ 左為聯邦銀行理財型白金卡，右為無限卡。

看完以上的說明，你就不難想像為何叫「套牢」卡了吧？雖然你必須每個月有新增消費 450 元、1,080 元的費用，才能拿到當月的刷卡回饋金，但聰明如你我，一定早就想到如何破解這個規則了吧？**就是把這張卡拿來代繳手機話費**，即可無痛領 8％ 回饋。

須特別注意的是，**中華電信的話費是被排除的**，因為中華電信

早期是電信局，屬於公營事業，故信用卡條款上就把中華的話費排除，因此中華電信的用戶請使用其他卡片。

優先挑選電信聯名卡代繳話費

大部分的電信業者都有跟銀行推出聯名卡，其實用聯名卡來繳電話費，幾乎能滿足大部分人的需求，大家在尋找最優惠的省錢方案時，也請優先從聯名卡研究。下方圖表 1-5 為簡單推薦各大電信業者與銀行推出的聯名卡。

圖表 1-5 中介紹的優惠，會依銀行公布的年度優惠而有所調整，**使用前請先上銀行官方網站查詢最新的活動。**假如下述的聯名卡均無法滿足你的需求，也有銀行特別針對眾多電信業的手機通訊費祭出回饋。

【圖表 1–5】各大電信業者與銀行推出的聯名卡

電信業者	銀行聯名卡	回饋率（優惠可能隨銀行策略有所調整）
中華電信	中國信託中華電信聯名卡	電信代繳 3%Hani Point 回饋（基本 1%＋加碼 2%，加碼每卡回饋上限 500 點）
遠傳電信	台新遠傳 friDay 聯名卡	電信代繳 3%現金回饋無上限
台灣大哥大	台北富邦台灣大哥大聯名卡	電信代繳 6%現金回饋（每期上限 300 元，超過以 1%計算）
亞太、台灣之星	無發行聯名卡	無

電信通路直接回饋 2% 的神卡

你除了可以依照自己的需求，選擇各大電信業者與銀行推出的聯名卡，或使用以下 3 張卡片代繳，亦可享有 2% 的回饋：

【圖表 1-6】電信通路直接回饋 2% 的神卡

銀行卡別	指定通路	回饋率（至 2020 年 12 月 31 日）	回饋金折抵效期
台北富邦數位生活卡	五大電信手機資費自動扣繳（台灣大哥大、中華電信、遠傳、台灣之星、亞太）	2% 現金回饋（每期上限 300 元，超過以 0.7% 計算）	6 個月
第一銀行星璨卡	中華電信、台灣大哥大、遠傳電信、台灣之星、亞太電信、神腦國際、KKBOX、CableTV、Netflix、Spotify、KKTV、LiTV、愛奇藝	2% 現金回饋（每期上限 500 元，超過以 0.5% 計算）	無
第一銀行 iLEO 信用卡	同上	2% 現金回饋（基本 0.5% ＋加碼 1.5%，每期上限 500 元）	限抵未來 12 個月內 iLEO 消費

該如何操作這 3 張卡片？我會建議若你的電信費偏高（例如店家 1 個月電信費可能是 4 萬至 5 萬元），就把帳單平分在這 2 家銀行的信用卡扣繳，第一銀行星璨卡跟 iLEO 信用卡的回饋上限門檻為 500 元（500 元 ÷ 2% ＝ 2 萬 5,000 元，可刷卡的上限為 2 萬

5,000 元），比北富銀的數位生活卡 300 元（300 元÷2%＝1 萬 5,000 元，可刷卡上限為 1 萬 5,000 元）上限來得高，故可將大額的帳單移過來。

須特別注意的是，**銀行給你的現金回饋有可能吃「歸零膏」**，早期北富銀推出數位生活卡時，就是採取嚴格的規定，如果次期沒有用數位生活卡新增消費，那麼回饋金就直接歸零。

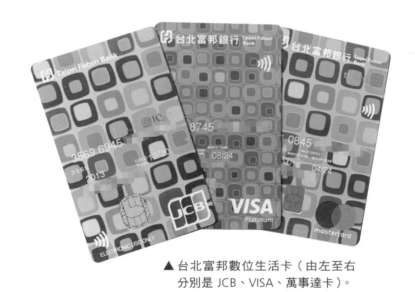

▲ 台北富邦數位生活卡（由左至右分別是 JCB、VISA、萬事達卡）。

▲ 左為第一銀行星璨卡，右為第一銀行 iLEO 信用卡。

但 2019 年第一季北富銀推出「旅日神卡——OMIYAGE 卡」時，順應民情把回饋金折抵期限放寬為 6 個月，大家在使用上就不會那麼有壓力；而一銀的星璨卡則沒有「歸零膏」的問題，刷卡金不會歸零。反而是後來推出的 iLEO 信用卡，居然有「12 個月內須折抵完畢」的規定，須特別注意。

寶可孟全家的電信費怎麼繳？

前面介紹那麼多好康，大家一定很好奇，我是怎麼處理全家的電話費。如果你們全家人的中華電信市話、MOD、傳真、網路、手機全部相加超過 3,000 元，我很推薦你用中國信託中華電信鼎極卡繳費。為什麼？

一般的中信鼎極卡，須年刷至少 36 萬元才能免除一張鼎極卡的年費 5,000 元；但中華電信鼎極卡年刷不須刷 36 萬元那麼多，只需要 1／10 的消費金額，也就是年刷 3 萬 6,000 元以上，即可免除年費。舉例來說，每個月我的電話費 499 元、爸爸的電話費 599 元、媽媽的電話費 499 元、室內電話費 1,600 元、家裡網路費 950 元，合計 4,147 元，一年下來，就是 4,147 元 × 12 ＝ 4 萬 9,764 元，正好可免除中華電信鼎極卡的 5,000 元年費。

說了這麼多省錢的撇步，不曉得你的卡片準備好了嗎？「工欲善其事，必先利其器」，比較高級的信用卡如聯邦理財型無限卡、中信中華電信鼎極卡等，都需要較高的財力證明才能辦下來（例如中信鼎極卡的申請條件為：年滿 24 歲，固定年收入 200 萬元以上，或近 2 個月平均資產餘額達 240 萬元以上）。

　　水電費省下的錢，讓我有更多預算享受美食與生活。要享受高回饋的前提，就是得努力賺錢、提高財力證明，才能把這些好卡一一攻城掠地。

▲ 水電費省下的錢，讓我有更多預算享受美食與生活。

5

跨行轉帳也能集點數，
換 5,000 元家樂福禮券還有剩

　　說到省錢的妙招，除了刷卡之外，不得不介紹銀行的跨行提款轉帳活動。「跨行提款轉帳」居然也能賺錢？就是你每一次使用銀行的跨行交易服務，銀行都會跟你要手續費，然而銀行業者為了提升大家使用自家平臺的黏著度，每年都會舉辦活動，不論是提款賺點數或累積交易次數抽大獎等，都是大家可以好好把握、參與活動拿好康的時刻，所以**以後提款或轉帳後，先別急著馬上離開 ATM，後面可能有很多優惠在等你**。

　　以下是各家銀行跨提跨轉的收費標準：

　　• 跨行提款：手續費 5 元由財金公司（由財政部及公、民營金融機構共同出資籌設的「財金資訊股份有限公司」）、ATM 銀行分潤。目前公定價格為 2012 年 6 月 1 日起，每筆交易收取 5 元。

　　• 跨行轉帳：由財金公司、金融卡發卡行、ATM 銀行三者分潤。目前公定價格為 2012 年 6 月 1 日起，每筆交易收取 15 元。

　　2019 年第 2 季起，財金公司放寬收費標準，當日該帳戶轉帳金額小於 500 元者，減免手續費 15 元，減輕大家的手續費負擔。也因為銀行業者收取不到手續費的關係，相關的活動規範都有要求

每一次跨轉的金額須超過 1,001 元，才會給予點數回饋，因此大家在參與活動時，請特別注意自己的轉帳金額。

【圖表 1-7】跨行轉帳手續費

跨行轉帳金額	手續費
500 元以下（每日以優惠 1 次為限）	0 元
501 元至 1,000 元（包含 500 元以下超過優惠次數者）	10 元
1,001 元以上	維持 15 元

了解臺灣銀行業的跨行收費標準後，我來介紹臺灣最受歡迎的兩大轉帳積點系統：

1. 實體 ATM——台新點活動

若你常在全家便利超商存提款，剛好又是台新銀行的 ATM 機臺的話，操作完存提款後，一定有看過「晶點計畫」（現已更名為「台新點」）這個名詞從畫面中一閃而過吧？其實台新銀行推廣這個活動已經好幾年了，我也算是這個活動的忠實用戶。

台新銀行在 2012 年，推出「ATM 集點成金」、「網路銀行」、「網路 ATM」交易集點活動，但因三個活動的點數無法整合，後來又推出晶點計畫，只要在「指定通路」（如台新網路銀行、行動銀行、ATM）完成「指定交易」（如跨行存款、跨行轉帳等），就

能獲得點數，進而兌換多種品項的商品。是不是很像在現實生活中的打怪、撿寶、解任務？至少對於我來說，我會把銀行推出的「活動」，當作是日常生活中的「任務」去解，雖然一次的交易點數不多，但積少成多的情況下，就能累積到足夠的點數，兌換刷卡金或禮券等超值商品。

當我有提款、轉帳、跨行存款的需求時，最常以台新的 ATM 操作，一來是台新 ATM 普及度高，全家有一半以上的店鋪都是放置台新的 ATM；二來是累積點數方便，每次操作完會直接記錄我累積的點數；最後也最重要的，就是「節省時間」。

為何說「節省時間」？最主要的原因是，台新的機臺跟介面都是經過優化後的系統，不論是提款、存款、轉帳，都能非常快速的完成。也就是說，使用者不必被後面大排長龍的婆婆媽媽白眼，可以趕快操作完，換下一位使用。

每一次的跨行交易，台新晶點計畫都會有「晶彩點」點數回饋，你如果有 5 點的晶彩點，可以兌換全家購物金；或 1 點起，即可參加抽獎，算是滿多元與完整的點數系統。

2. 網路轉帳──日盛送點王

日盛的網路轉帳交易活動，算是我非常喜愛、也是目前主力參與的活動。因為去實體 ATM 前面「站壁」跨提太浪費時間，自己在電腦前轉帳則更加的輕鬆愜意，也不會對後面大排長龍的人感到抱歉，所以日盛送點王活動，是我最喜歡的網路轉帳活動。

一般而言，每一次合格交易，銀行業者會贈與等值 5 元左右的

點數，只要交易的次數夠多，能累積的點數就會越多。舉個例子：日盛 webATM 的 2019 年上半年活動——豬事大吉。

本次活動的玩法是「推薦人制度」：舉例來說，A 將自己的會員號碼推薦給 B，每筆 B 完成的合格交易（B 得 4 點），A 均可得到推薦回饋點數，1 筆 1 點、2 筆 2 點，推薦越多，回饋越多。聰明的人會先開立 A 帳號取得會員號碼，再開立 B 帳號輸入先前的 A 帳號之會員號碼，是故每次轉帳可拿到 1 ＋ 4 ＝ 5 點。

日盛會設計這種機制，無非是希望每個人都化身為超級推廣業務員，讓使用者運用口碑行銷把這個活動推廣出去。

我以此辦揪團活動，赫然發現代號「2991」的粉絲已轉了 1,118 次（見圖表 1-8）。光是跨轉交易就超過 1,000 筆了。如果以

【圖表 1-8】驚人的跨轉交易次數

日期	代號	次數
2019 年 1 月 2 日	3142	569
2019 年 1 月 2 日	3138	126
2019 年 1 月 2 日	3126	75
2019 年 1 月 2 日	3123	0
2019 年 1 月 2 日	3099	44
2019 年 1 月 2 日	3083	660
2019 年 1 月 1 日	3007	55
2019 年 1 月 1 日	2991	1,118

一筆拿到 5 點來計算，至少就是 5,000 元禮券進帳。這到底是怎麼回事？

若你把所有的回饋都放在自己身上，那麼你每一次的交易可以拿到 5 點。依此往回推，你會發現這位 2991 號粉絲，光是自己轉帳就可以拿到 5 × 1,118 ＝ 5,590 點的日盛紅利點數。這個數字至少可以換 5,000 元家樂福禮券還有剩。

如果你以每次跨轉收取的 15 元交易手續費來計算，每轉帳一次，銀行業者就送你 5 點點數（等於 5 元），等於你每轉帳一次就虧 10 元，當然不划算；不過，若你持有的是「免費跨提轉次數」之銀行帳戶，那麼你便能以接近零成本的方式取得點數。流程如下所述：

1. 開立指定帳戶，取得免費跨提轉次數之資格。
2. 參與銀行舉辦的跨行交易活動。
3. 將次數轉換成點數。
4. 平臺上的點數換成禮券或刷卡金，自用或賣掉換現。

在這整個過程中，你所需要付出的就是「時間成本」，也就是提款轉帳所需的交易時間。提醒你，若非正常交易，銀行有權收回免費交易次數。請大家平時盡量讓自己的交易行為「正常化」，在日常生活所需的情況之下搭配使用，才省時又不費力。問題來了：現階段有哪些銀行提供免費的跨提轉次數？

值得你入手的跨行提款免手續費帳戶

我首推的，就是各家銀行的「**數位帳戶**」，你持有這些帳戶，不僅可以透過存錢領高利，帳戶贈送的「**跨提轉優惠**」可說才是最大的羊毛。

值得花時間去玩集點活動嗎？這是一個大哉問。你知道嗎？早期我在經營社群平臺時，那些禮券跟獎品都哪來的？都是我辛辛苦苦操作，從這些銀行點數平臺換來的，所以這種 ATM 活動，只要你肯花時間提款、轉帳，就會有收穫。

【圖表 1-9】值得你入手的跨行提款免手續費數位帳戶

數位帳戶	跨提轉次數（每個月）
永豐大戶數位帳戶	16 次跨提轉（併計）
台新 Richart 數位帳戶	5 次跨提、5 次跨轉
遠銀 Bankee 數位帳戶	6 次跨提、6 次跨轉（限定自行通路）
陽信商行 iSunny 數位帳戶	5 次跨提、5 次跨轉
第一銀行 iLEO 數位帳戶	5 次跨提、10 次跨轉
兆豐銀行 MegaLite 數位帳戶	10 次跨提、10 次跨轉
上海商銀 Cloud Bank 數位帳戶	自動化通路最高有 15 次回饋
王道銀行數位帳戶	5 次跨轉
星展銀行星禧數位帳戶	15 次跨轉
國泰世華 KOKO 帳戶	50 次跨提、50 次跨轉（限定自行通路）
凱基證券戶	30 次跨行交易免手續費（跨提＋轉併計）
聯邦 New New Bank	55 次跨提、55 次跨轉（限定自行通路）
彰銀 e 財富數位帳戶	10 次跨提、10 次跨轉（帳戶須存滿 2 萬元）
合庫數位帳戶	6 次跨提、6 次跨轉（採用先扣後退方式回饋）
永豐 MMA 帳戶	8 次跨提、8 次跨轉
渣打心幸福	最高 100 次跨行手續費減免
渣打夢世代組合	8 次跨行免手續費

6

團結力量大，統整
全家開支於一卡，現省 10 萬

　　我們都知道一根筷子易折斷，但一把筷子就難以折斷，同樣的道理也能用在刷卡支出上——**統整全家的開支，由單一信用卡支出，不僅可以快速累積點數，集中刷卡的數字，也會讓銀行視為「有貢獻的客戶」**，當你需要致電銀行客服時，他們就會給你不同的禮遇。你以為**銀行每次請你稍等都在做什麼？當然是調閱你的刷卡額，看你是不是大戶。**

全家集中消費換機票，馬上省 10 萬元

　　我人生的最大成就，就是帶家人出國機票省很大。2018 年，我家決定安排家族旅行，讓辛苦的父母出國玩，地點就選日本。我的家族有六大一小：父母、姊姊、姊夫、外甥女，還有我跟我弟。我平常有在用哩程卡累積點數，因此自告奮勇兌換免費機票，讓爸媽搭全日空 ANA 商務艙出國，感受一下禮賓待遇。

　　經過計算後，如果要花錢購買 2 張 ANA 商務艙跟 5 張經濟艙機票，得花 11 萬 8,420 元，但我用中信 ANA 信用卡換了 18 萬哩程，外加機場稅費 1 萬 1,119 元，就兌換到臺北經東京轉機至福岡的 7 張機票（2 張商務艙、5 張經濟艙）。

　　這 18 萬哩的取得成本為何？單純就是用同一張卡（中信 ANA 聯名卡）負擔家裡的全部開銷，我姊姊、弟弟也改用我的中信 ANA 附卡，整個家族的消費都集中累積在同一個哩程計畫裡，機票就水到渠成。

　　18 萬哩如何取得？以中信 ANA 極緻卡的刷卡規定：國內每消費 20 元累積 1 哩、海外每消費 10 元累積 1 哩計算，大概是國內刷 360 萬元或海外刷 180 萬元左右即可取得（ANA 點數在中信帳戶裡有 2 年效期，轉入 ANA 哩程俱樂部再加 3 年效期，總共是 5 年效期）。

▲ 我們一家七口用哩程卡換免費機票遊日本，爸媽還搭商務艙。

大家可能會覺得：「瘋了嗎？怎麼可能刷那麼多？」但這是集結全家人之力，把平常支出都集中在同一張卡的結果。平分在 2 至 3 年內來看，一年大約是刷 120 萬元左右，一人平均一年刷 17 萬元，感覺上也不是很誇張的數字。

建議各位在分配家裡開支時，**一定要特別注意集中消費這個特性**。套句哩程旅遊部落客虎咪說過的一句話：「哩程就像鑽石一樣，越大越有價值。」

雖然各家銀行的哩程卡有很多超值優惠，但需要支付的「成本」也不少。例如，中信 ANA 極緻卡、無限卡正卡年費首年 6,600 元、次年 8,000 元；即使附卡年費減半，也要首年 3,300 元、次年 4,000 元，這些都是需要考慮的支出成本（哩程卡的詳細操作，請見第 1 章第 7 節）。

代訂代刷，點數源源不絕

信用卡還有另一個妙用之處，就是銀行會針對不同季節推出各種促刷活動，購物平臺 PChome 甚至經常推出刷信用卡滿萬送千等活動，只要善用這些優惠，你也能拿到不少好康。

以我身邊的朋友為例，有人專門代刷代買，在網路上尋找有訂房需求的網友，幫他們在訂房網站 Agoda 訂房，並把信用卡的優惠全部折給他們。

那他賺什麼？很簡單，以中信享想卡為例，之前曾推出持卡買虎航特定航線，購票享 79 折優惠。我朋友就在網路上一張張幫他人訂票，不收手續費，**賺的是中信卡的紅利點數跟刷卡額**。

刷卡額度的多寡，也關係到銀行認定持卡人是否為「大戶」資格。雖然我朋友沒有賺到刷卡本身的回饋，但光是中信紅利點數就至少累積上百萬點，點數拿來兌換哩程也綽綽有餘。

我很好奇這麼做的人多嗎？我朋友說，早期在網路上看到有人提出需求，他就私下寫信主動幫忙代訂代買，到後來因為服務好，就變成熟客，甚至好康逗相報，業績就源源不絕的來，點數像是打開水龍頭一般，想停都停不了。事後想想，這位朋友的確很會利用信用卡的優惠造福親友，當然這也完全符合信用卡使用規範，並沒有鑽條文漏洞。

跑單幫買最新 3C 產品，月刷百萬非難事

還有另一個案例，也能賺到紅利點數跟刷卡額：我有一位朋友頻繁往返臺灣和日本、美國，每當最新的蘋果公司產品上架，他就會看有沒有果粉想嘗鮮，有的話他就從美國或日本帶回最新的iPhone、iPad、Apple Watch，以原價售出。

對他來說，出國是工作，機票是公司出錢，他只是出差之餘，**順便幫親友帶回最新的 3C 產品，賺到刷卡額跟紅利點數。**

後來在信用卡額度調升方面，他幾乎沒有被銀行刁難，一路順遂的就往上調升超過百萬額度，實在令人羨慕。只要你的刷卡額夠高，每個月又有固定的薪水收入，銀行其實很願意給你高額度，畢竟你能貢獻的交易手續費，早已是其他一般客戶的十倍、百倍有餘，銀行自然要奉你為「大戶」。

綜觀以上三種信用卡使用方式，都是「集中消費」、「團結力量

大」的使用模式。把大量刷卡取得的點數兌換成機票等，即可取得超過一般刷卡回饋率的回饋水平。重點是，一般人也可以做到。我身邊的朋友不是什麼網紅之類的名人，只是普通的上班族，但平常多關注身邊親友的旅遊、最新 3C 需求，協助代訂代買，就能輕鬆取得點數跟刷卡額。

當然，如果你是在親友之間、甚至是網路上可呼風喚雨的指標型人物，就有更加進階的揪團玩法。

---

3 種信用卡理財術，一般人也做得到

- 集中全家消費使用同一張卡支出，累積哩程免費換商務艙機票。

- 代訂代刷，賺紅利點數跟刷卡額。

- 出國順便代買最新產品，賺到刷卡額、信用卡額度調升一路順利。

7
哩程卡的點數放大功能，我讓爸媽免費搭商務艙遊東京

我們常在網路上看到許多人分享搭乘商務艙、頭等艙的照片與心得，羨慕之餘，不免也陷入長思：「我也可以做到嗎？」事實上，真的可以，你不需要真的花錢買貴桑桑機票，只要善用信用卡的點數，也能爽爽兌換免費機票。

許多銀行會與各大航空公司推出可累積哩程的聯名信用卡，並依消費金額比例提供哩程點數，例如目前中信 ANA 極緻卡、無限卡和國泰世華長榮極致無限卡，國內消費每 20 元累積 1 哩。累積一定的哩程數，可以兌換機票、貴賓室使用券或座艙升等。

各家航空公司通常分屬於不同航空聯盟（兩間以上的航空公司達成的合作協議），目前全球有三大聯盟：星空聯盟、寰宇一家和天合聯盟。臺灣人比較熟悉的星空聯盟，包含長榮航空、全日空 ANA 等（詳見第 86、87 頁圖表 1-16）。

另一個國人比較熟悉的哩程計畫「亞洲萬里通」，則是國泰航空附屬的哩程計畫，一開始主要的會員為寰宇一家。

哩程信用卡有不同哩程效期規定，例如國泰世華長榮航空聯名卡，未進行轉換的哩程點數效期為 2 年；中信 ANA 聯名卡為 2 年，如轉入 ANA 哩程俱樂部則再多 3 年，效期最長達 5 年。

刷卡額度大的人，都愛用哩程信用卡

哩程卡有一個特性，就是有「**點數放大**」的特殊功能。一般的現金回饋卡，是以固定比率折抵帳單金額，但沒有點數放大好幾倍的功能。

而哩程卡的哩程點數最後是要拿來兌換機票，當然是累積越多，能兌換到的航程跟艙等就越好。

以全日空 ANA 哩程為例，當你累積 1 萬 7,000 哩，可兌換臺北東京經濟艙的來回機票，大概價值就是 1 萬 4,000 元左右（1 萬 4,000 ÷ 1 萬 7,000 ＝ 0.82，平均 1 哩 0.82 元）；但你累積到 9 萬 5,000 哩 ANA 哩程時，即可兌換臺北紐約商務艙的來回機票，市場價格一張約 13 萬元（13 萬 ÷ 9 萬 5,000 ＝ 1.3，平均 1 哩提高至 1.3 元）。

【圖表 1-10】全日空 ANA 機票所需哩程數

全日空 ANA 機票航程	所需哩程數	用現金購買的價格	每哩現金價值
臺北東京來回經濟艙機票	1 萬 7,000 哩	1 萬 4,000 元	1 哩 0.82 元
臺北紐約來回商務艙機票	9 萬 5,000 哩	13 萬元	1 哩 1.3 元

由此可知，當累積的哩程數越多，每哩現金價值就變大了。那麼，該如何取得這些驚人的哩程數？其實一點都不難。

善用新卡首刷禮、新屋裝潢等大額支出

以中信 ANA 聯名卡為例，若你申請的是「極緻卡或無限卡」最高卡等，那麼你最多可以拿到：

• 辦新卡時，繳正卡年費 6,600 元，30 日內累積刷 2,688 元，贈 ANA 哩程 5,000 哩。

• 60 日內累積刷滿 20 萬元（含以上），加贈 ANA 哩程點數 8,000 哩。

• 國內每消費 20 元累積 1 哩，刷卡 20 萬元若以國內消費計算，則可取得 20 萬÷ 20 ＝ 1 萬哩。

年費 6,600 元支出（5,000 哩 ）＋ 2 個月內刷滿 20 萬元（8,000 哩＋ 1 萬哩），總計可以取得 2 萬 3,000 哩的哩程，就是一張臺北東京經濟艙的來回機票。

你可能覺得，要在 2 個月內刷滿 20 萬元，1 個月就要刷 10 萬元，根本很難達成。在不鼓勵擴張消費的前提下，我建議大家可以**趁有大額支出時辦卡為佳。例如：新屋裝潢要買家具、冰箱、電視等高價 3C 產品，或遇到結婚生子等喜事時**，較易有大額支出，就可以把生活開支轉換成哩程點數兌換機票。

也許你內心會納悶，刷現金回饋會不會比較優惠？我們來簡單算一下：目前國內現金回饋卡，最高的回饋代表為永豐大戶現金回饋卡，國內 2% 回饋。把 20 萬元刷卡額灌在這張卡上面，你可以得到的現金回饋為 20 萬× 2% ＝ 4,000 元。**請問 4,000 元能換到**

一張全日空 ANA 的臺北東京來回經濟艙機票嗎？我想應該不太可能，所以哩程卡打敗現金回饋卡的優勢就在這裡。但**哩程卡也不是所向無敵的，它有一個致命的缺點，就是需要繳交年費。**

【圖表 1–11】中信 ANA 極緻卡或無限卡新戶集哩程方法

消費類別	刷卡額	兌換比率	取得哩程的方法	每哩成本	可兌換的航程
國內消費	20 萬元	20 元／哩	• 20 萬÷ 20 ＝ 1 萬哩 • 繳年費 6,600 元並刷 2,688 元送 5,000 哩 • 刷 20 萬元加碼送 8,000 哩 ——— 1 萬哩＋ 5,000 哩＋ 8,000 哩＝ 2 萬 3,000 哩	8.6 元（不計入年費）	ANA 臺北日本來回經濟艙機票（淡季）
海外消費		10 元／哩	• 20 萬÷ 10 ＝ 2 萬哩 • 繳年費 6,600 元並刷 2,688 元送 5,000 哩 • 刷 20 萬元加碼送 8,000 哩 ——— 2 萬哩＋ 5,000 哩＋ 8,000 哩＝ 3 萬 3,000 哩	6 元（不計入年費）	ANA 臺北日本來回商務艙機票（旺季）

哩程卡需要繳年費，仔細精算才划算

我還記得前一陣子有位好朋友詢問我，他目前使用中信的 ANA 晶緻卡，看我介紹 ANA 極緻卡這麼好用，他也很想要換卡。於是他問我，是否值得多繳年費，改用極緻卡？這是個好問題，也是許多人在決定是否要使用哩程卡時，一定會遇到的難題。

挑選哩程卡時，**年費絕對是一個最大的考量**。先來看一下中信晶緻卡與極緻卡的年費之間的差異：

【圖表 1-12】中信 ANA 晶緻卡與極緻卡年費比較

卡別	年費
中信晶緻卡	2,000 元
中信極緻卡	6,600 元

如果要從晶緻卡往上提升到極緻卡，那麼費用就得多支付 4,600 元。要如何判斷這 4,600 元值不值得花？那就得回歸到卡片本身的權益來看。

我的考量主要是以「**你一年可以刷出多少哩程**」來作為比較的標準：假如你的年刷卡額夠高，那麼取得的哩程價值大於支出的年費，就是一個划算的交易。如果再加入「新卡滿額禮」，就更划算。為了簡單計算，在此先不計入滿額禮的贈點，直接計算要刷多少，才能超越 4,600 元的年費差額？在這邊以「國內一般消費」來計算：

根據中信官方網站表定的哩程價值，ANA 點數的現金價值是 0.6 元／哩，則計算公式如下：

> **X 為你年刷的金額**
>
> 〔（X ÷ 20）－（X ÷ 30）〕× 0.6 > 4600

經過計算，X 必須大於 46 萬，也就是必須刷超過 46 萬元左右，才能把 4,600 元的年費差額賺回來。如果你是小資族，平常年刷不到 50 萬元的人，但又想集 ANA 哩程，那麼我覺得晶緻卡是比較好的選擇；假如你能集結所有家人、整個家族的消費力，一口氣衝高到 60 至 70 萬元的刷卡額度，再來辦這張 ANA 極緻卡，會比較划得來。

不然辛辛苦苦賺來的錢，全部繳給銀行，最後拿回來的哩程價值，又無法超過年費成本，就得不償失了。最後我詢問這位朋友，他說他的年刷卡額只有 25 萬元左右。所以我建議他，繼續持有 ANA 晶緻卡即可，不然 6,600 元的年費繳了一年只刷 25 萬元，真的太可惜。

寶可孟的哩程點數兌換機票經驗

我過去幾年參與過的哩程計畫有 Asia Miles 亞洲萬里通（寰宇一家）、長榮航空（星空聯盟）等，目前主力則是在全日空 ANA（星空聯盟）。在決定辦哩程卡時，我建議大家不要同時選擇多個哩程計畫，因為在每張信用卡都刷不多的情形下，往往在哩程點數

集到可以兌換機票前，就過了有效期限，導致一切努力放水流。

　　我在 2016 年使用澳盛銀行的飛行世界卡累積的點數，兌換了臺北經由香港轉機去泰國的雙人機票，花了 6 萬里數；接著在 2017 年，使用國泰世華長榮極致無限卡的新卡禮 5 萬哩，兌換了亞洲區外站來回商務艙 4 段票，去日本跟泰國玩；2018 年則是用中信 ANA 極緻卡累積了 18 萬哩，兌換全家 7 人去日本玩的機票（2 張商務艙加 5 張經濟艙，見圖表 1-13）。

【圖表 1-13】寶可孟的哩程點數兌換機票經驗

時間	哩程計畫	航程	所需哩程數	現金購買價值	省下多少？
2016 年	亞洲萬里通	臺北→泰國（經香港轉機，雙人）	6 萬里數	2 萬元	1 萬 4,000 元
2017 年	長榮航空	日本→泰國（中停臺灣，單人）	5 萬哩	6 萬 5,439 元	6 萬 1,306 元
2018 年	ANA 全日空	臺北→日本（2 張商務艙、5 張經濟艙）	18 萬哩	11 萬 8,420 元	10 萬 7,301 元
2019 年	亞洲萬里通	日本→美國美國→香港（頭等艙）	13 萬 5,000 里數	101 萬 7,800 元	101 萬 1,025 元

▲ 左為國泰世華長榮極致無限卡，右為中信 ANA 極緻卡。

　　2019 年，我用玉山 Only 卡累積的紅利兌換亞洲萬里通 13 萬 5,000 里數，我再用哩程數兌換日本到美國、美國到香港 2 段頭等艙機票，從 Skyscanner 機票比價平臺上查詢，真實的票價為 101 萬 7,800 元，但我只支付了 6,775 元的稅金即取得 2 張機票。

　　我目前主力使用的哩程計畫為 ANA，理由就是它有「**全家桶**」（ANA Mileage Club Family Account Service，簡稱 AFA）的設計，這個設計理念跟「團結力量大」是很類似的概念。

　　一般而言，大部分的哩程計畫都有自身帳戶內的哩程使用限制。如長榮的哩程限制，就是他人轉給自己的哩程，不能跟自己的併用，所以給親友使用上有很大的不便。

　　而全日空的 AFA 計畫，正好可以解決此問題。因為哩程若是分散在每個家人的帳戶裡，就無法達到效用最大化。在加入了 AFA 後，**全家人的哩程可一起計算，就能整合在一起**，甚至小點數也能發揮大功用，大家湊一起說不定就可獲得一張免費機票。

　　若你想加入全日空的 ANA 計畫，有幾個重點提醒：

- 登記 AFA 服務時，須先支付 1,000 哩。
- 一次最多可加入 8 名會員使用 AFA 服務（其中包括主要會員），要移除、新增、修改資料，每一次皆收取 1,000 哩費用。
- AFA 只限日本國外會員使用（若你的地址改為日本境內，會被踢除 AFA）。
- AFA 只限二親等以內的親屬加入，一般朋友、沒有結婚的男女朋友、路邊阿貓阿狗是不行的。

　　如果你在申請中信 ANA 相關信用卡前，就有在 ANA 官方網站申請會員，那麼你會得到 4 開頭的一般會員號碼；直接申請中信 ANA 極緻卡，則會取得 3 開頭的會員號碼。

　　你在申請中信卡時，申請書中會有一個欄位，要求你填上 ANA 會員號碼，目的是中信在核卡後，會把資料送交 ANA 並且幫你做「帳號合併」，將來你不論是用哪一個會員帳戶登入 ANA 帳戶，都可以看到你的點數。若沒在申請信用卡時填上 4 開頭的會員號碼，也可以在事後向 ANA 申請會員資料整併。

　　事實上，ANA 幫你做「帳號合併」，跟申請「加入 AFA 會員」是兩碼子事，但我非常建議大家找時間完成以上任務。主要原因如下：

- 若你有中信 ANA 極緻卡，但第二年打算剪卡，3 開頭的會員號碼會失效。若不在剪卡前把點數用掉或整併帳號，點數就會放水流，請特別注意。
- 點數分散在各個家人帳戶中，無法發揮應有的效益，故加入

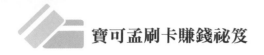

AFA 即可整合所有的帳戶點數，一起使用。

我過去曾詢問 ANA 客服，對方說明「3 開頭的極緻卡卡號」是有效益的會員號碼，建議我在加入 AFA 時，以「極緻卡」提供的會員號碼作為整合帳戶。以上就是我推薦 ANA 哩程計畫的主因，它的全家桶設計非常人性化，符合大家族出遊、集哩的需求。

- ANA 臺北分公司客服電話：（02）2521-1989。
- ANA 臺北分公司 E-mail：tpersv@ana.co.jp。

什麼樣消費模式的人適合辦哩程卡？

如果你還在觀望是否要加入哩程世界來累積哩程，在此我提供幾個簡單的判斷標準：

- **自己一年的年刷卡額，是否達 40 至 50 萬元以上**：以每消費 20 元累積 1 哩來算，臺北東京來回經濟艙機票，在淡季為 1 萬 7,000 哩（旺季為 2 萬 3,000 哩。在 ANA 哩程俱樂部的網站上，哩程兌換機票被劃分三種季節：淡季、一般季節、旺季。以 2020 年為例，4 月 1 日至 23 日就是淡季），意思就是你得刷卡 34 萬元，才能累積到這個哩程數字。而你的 ANA 點數在中信帳戶裡只有 2 年效期，轉入 ANA 哩程俱樂部則是再多 3 年，總計最長 5 年的效期，時間一到就會失效。故建議一年至少可以刷到 40 萬元以

上，再決定辦卡是比較好的，**畢竟你的哩程在真正換到機票之前，回饋率都是零。**

　　• **自己是否能彈性排假，現在立馬規畫明、後年的出國行程：**哩程換票就是要快、狠、準，明年 8 月的票，今年 8 月就要開始摩拳擦掌搶票。如果你的工作性質是 3 個月內才能確定自己是否可以請假出遊，很可能你要換票時，都被換光光了，那還不如買廉航比較划算。

哩程卡換票須知

- 各家哩程計畫的兌票方式都不同，例如 ANA 是以「飛行距離」、長榮航空是以「區域」判斷需要多少哩程。換票前須先在官方網站上確認。
- 於哩程過期前須兌換（例如 ANA 哩程有效期限為哩程入帳日起 36 個月）。
- 確認自己帳戶內的哩程數是否足夠。
- 官方網站查詢兌換時間：先訂好飛機出發時間，再回推搶機票的時間。ANA 和長榮航空，約是飛行前 355 天開放兌換哩程機票，例如我們全家人在 2018 年 8 月 25 日出發去日本玩，所以往回推開票的時間是 2017 年 9 月 10 日系統正式開放兌換哩程。
- 注意哩程入帳之時間差。一定要預留哩程入帳的時間，才能在開票的當下，搶到想要的票。千萬不要把時間抓得太

緊，因為很容易出差錯，很有可能換不到票。我之前有測試過，華南跟中信用卡的哩程兌換入 ANA 帳戶的時間（華南 15 天、中信 2 天）。假設你用華南信用卡累積哩程，並打算在 1 月 1 日搶票，那麼至少要在 15 天前，或把時間拉長一點，大約是 3 週前，也就是前一年的 12 月 11 日前兌換哩程。千萬不要拖到 12 月底兌換，等到點數入帳，已經是隔年的1月中，飛機機位可能早就被換光。

• **點數兌換貶值的風險**：不只是銀行的紅利點數，航空公司的哩程也有改變規則的潛在風險。我分享一個血淋淋的案例：2016 年 9 月華南銀行的紅利點數，把 ANA 的兌換比率由 2：1 忽然驟降到 4：1，價值瞬間少掉一半，這一刀砍下去，眾人哀鴻遍野。所以在此事件之後，大概沒多少人留在華南玩點數兌換 ANA（目前華南 The One 尊榮無限卡，每 3 點紅利可兌換 1 哩，其餘信用卡每 4 點紅利可兌換 1 哩，此資訊適用至 2020 年 6 月 30 日）。

如果你已經考慮清楚，且確定有資金跟時間，也願意承擔風險，就可以勇敢的辦張哩程卡。接下來，就是要挑選適合自己的哩程計畫。你喜歡日系的服務？還是較有親切感的本國籍航空？除此之外，可能還得考慮各個哩程計畫的最低兌換標準，如長榮的哩程最低兌換標準就是 2 萬哩，以每消費 30 元累積 1 哩計算，必須刷上 60 萬元；相對的，全日空 ANA 只要 1 萬 7,000 哩，只要刷卡

額 51 萬元（1 萬 7,000 × 30 ＝ 51 萬），就可以換一張機票，可謂各有千秋。不知道該加入哪個計畫？你得做足功課再決定。

之前有一位網友直接在粉絲專頁私訊我，希望我推薦適合他的哩程卡：「我最近想辦張可以累積換哩程的信用卡，不知道版主有沒有推薦的？我現在每個月信用卡消費平均 1 萬元，用的是花旗現金回饋卡。」

如果每個月消費 1 萬元，以中信 ANA 白金卡為例（首年免年費，次年起年費 1,500 元），一年只能累積 3,000 哩（國內每消費 40 元累積 1 哩），若要換到機票，至少得 5 年，這樣哩程早已過期。所以我簡單回覆：「年費 2,400 元的花旗寰旅卡。」因為我覺得這張卡**不會有哩程過期的問題**，至少對他而言，能慢慢的累積，也算「鐵杵終能磨成繡花針」。

接著他又再回我：「有沒有可以用消費次數抵年費，或年費再低一點的哩程卡？因為年費 2,400 元對我而言有點太高，還是對於哩程卡來說，年費是基本的？」看來大家都想要免年費的信用卡，又想用很優惠的比率累積哩程，我也是這樣子盤算。

但銀行是拿錢做生意的行業，不會推出沒有賺頭的卡片；萬一虧損太多，優惠下一季就會改掉。另一方面，免年費的卡片哩程回饋比率多半太低，根本累積不了多少。不過，這個觀點對於不想支付年費成本的人來說，根本忠言逆耳，多說也沒有用。所以我後來直接推薦一張免年費的哩程卡：「ANZ 澳盛銀行飛行白金卡（現在已換銀行發行，改名為「星展飛行鈦金卡」），免年費，也是不錯的選擇。」以下是這兩張卡片的比較。

30 元一哩 vs 20 元一哩，差 10 元差很大

花旗寰旅卡是每消費 20 元累積 1 哩（不分海內外）、星展飛行鈦金卡是每消費 30 元累積 1 哩（國內）。差 10 元有差嗎？有差，而且差很大！但前提是年刷卡額夠高，才看得出顯著影響。

以前面那位網友的年刷卡額 12 萬元為例：每消費 20 元跟 30 元累積 1 哩，差異大概只有 900 元的現金價值，所以如果你辦了花旗寰旅卡繳了年費 2,400 元，只得到多 900 元的回饋，不划算。

但若以年刷 40 萬元計算，差異就很明顯（見右頁圖表 1-14、1-15）。使用每消費 20 元累積 1 哩的信用卡，多累積的 6,667 哩的現金價值，大於繳納的年費。故 40 萬元全用花旗寰旅卡刷卡得到 2 萬哩，即可以換一張臺北大阪來回機票；若用星展飛行鈦金卡，那還得再努力多刷 20 萬元，總刷卡額達到 60 萬元，才能拿到 2 萬哩。

刷卡額大時，2,400 元的年費值不值得？當然值得！結論是，**年刷卡額不高，須在乎年費；年刷卡額高，須在乎兌換比率**。

所以，如果你每個月刷卡額不到 4 萬、5 萬元（或年刷不到 40 萬、50 萬元），可能在真正換到一張機票前，努力都化為烏有（因為哩程卡的哩程有使用期限），或點數有非常大的貶值風險。這也是網路上大家耳提面命的——**等到目標一達到，就趕緊換票**。

而**年刷卡額不高的人**，就真的不能辦哩程卡嗎？當然可以，只是你得選點數不會過期的信用卡，例如星展飛行世界卡、花旗寰旅卡等，都不會有點數過期的問題，**比較需要注意的問題是「兌換比率改表」**。想要踏入哩程坑，這點是必然要了解、承擔的風險。

【圖表 1-14】年刷卡額分析比較表（年刷額 12 萬元的小資族）

年刷額	年刷額 12 萬元	
卡別	花旗寰旅卡（20 元／哩）	星展飛行鈦金卡（30 元／哩）
年費	2,400 元	0 元
可得哩程	12 萬÷ 20 ＝ 6,000	12 萬÷ 30 ＝ 4,000
差額	6,000－4,000 ＝ 2,000 哩 以 BR（長榮）兌換比率 0.45 元／哩來算 2,000 × 0.45 ＝ 900 元 → 繳年費不划算	

【圖表 1-15】年刷卡額分析比較表（年刷額 40 萬元的中產族）

年刷額	年刷額 40 萬元	
卡別	花旗寰旅卡（20 元／哩）	星展飛行鈦金卡（30 元／哩）
年費	2,400 元	0 元
可得哩程	40 萬÷ 20 ＝ 2 萬	40 萬÷ 30 ＝ 1 萬 3,333
差額	2 萬－1 萬 3,333 ＝ 6,667 哩 以 BR 兌換比率 0.45 元／哩來算 6,667 × 0.45 ＝ 3,000 元 → 繳年費划算	

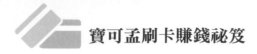

【圖表 1–16】各家航空公司哩程卡兌票特色

航空公司	長榮航空	中華航空
發行聯名卡	國泰世華	滙豐（2020 年 7 月之前） 中國信託（2020 年 7 月之後）
常客計畫	無限萬哩遊	華夏哩程酬賓計畫
航空聯盟	星空聯盟	天合聯盟
兌票特色	• 區域線來回：2 萬至 3 萬 5,000 哩可兌換經濟艙；4 萬哩可兌換豪華經濟艙；5 萬哩可兌換商務艙 • 可以開立「外站來回」票。例如，5 萬哩可兌換亞洲區外站來回商務艙 4 段票	• 區域線來回：3 萬 5,000 哩可兌換經濟艙；5 萬哩可兌換商務艙 • 可以開立「外站來回」票。例如，5 萬哩可兌換亞洲區外站來回商務艙 4 段票
哩程換票兌換最低消費門檻	以國泰世華長榮御璽卡（免年費）每消費 30 元 1 哩計算，30 × 2 萬＝ 60 萬，因此刷卡額滿 60 萬元，可兌換一組亞洲區來回機票	以滙豐中華航空白金卡（免年費）每消費 30 元 1 哩計算，30 × 3 萬 5,000 = 105 萬，因此刷卡額滿 105 萬元可兌換一組亞洲區來回機票
哩程效期	36 個月	36 個月

全日空 ANA	國泰航空
中國信託	台新銀行
ANA 哩程俱樂部	亞洲萬里通
星空聯盟	寰宇一家
• 區域線來回：1 萬 7,000 至 3 萬 1,000 哩可兌換經濟艙；3 萬 5,000 至 5 萬 6,000 可兌換商務艙 • 不可單程兌換，國際出發須兌換「來回票」 • ANA 將全球劃分為不同區域，各區域間的往來有不同的兌票哩程需求，請上官方網站查詢 • ANA 將全年度區分為「淡季、一般季節、旺季」，不同的季節之哩程兌換均不相同，請上官方網站查詢	• 區域線來回：2 萬里數可兌換經濟艙；5 萬里數可兌換商務艙 • 可兌換單線線，允許一次中停／轉機。 • 兌換票以飛機實際飛行距離為兌換區間
以中信 ANA 白金卡（免年費）每消費 40 元 1 哩計算，40 × 1 萬 7,000 = 68 萬，因此刷卡額滿 68 萬元，可兌換一組臺北東京來回機票	以台新國泰航空鈦金卡（免年費）每消費 30 元 1 里數計算，30 × 1 萬 5,000 = 45 萬，因此刷卡額滿 45 萬元，可兌換一組臺北香港來回經濟艙機票
36 個月	18 個月（若帳戶有活動則持續有效）

註：「常客計畫」是指航空公司規畫的長期優惠方案；「航空聯盟」是指兩間以上的航空公司達成的合作協議。

　　我花了許多時間研究 ANA 的哩程計畫，因為千里之行，始於足下。所有美好夢想的第一步，就是擁有第一張專屬的哩程卡，希望你有一天也能跟我一樣，用哩程卡換到免費機票，帶全家人一起去日本玩。

【圖表 1-17】該不該辦哩程卡的 6 個關鍵思考

問題	選項	
1. 個人每年刷卡總額是否超過 50 萬元？	A. 有	B. 沒有
2. 全家每年刷卡總額是否超過 100 萬元？	A. 有	B. 沒有
3. 平均每年出國是否有超過 3 趟？	A. 有	B. 沒有
4. 是否願意繳交信用卡年費（約 2,500 至 2 萬元）？	A. 願意	B. 不願意
5. 是否願意花費大量時間鑽研哩程規則？	A. 願意	B. 不願意
6. 是否可以自行安排休假時間出國？	A. 可以	B. 不可以

　　完成上面的量表後，如果你至少有 4 個 A，就代表你的刷卡額適合累積信用卡哩程、時間上方便出國旅行，適合使用哩程卡。

　　如果你至少有 4 個 B，我建議你在辦卡時，選擇的回饋方式還是以現金回饋為主。畢竟刷哩程卡需要大量刷卡額，且兌換規則繁瑣、查票不易，再加上若你的工作不方便自行安排時間請假，就不適合用哩程卡。

8
卡片也該斷捨離，
不合用的卡就剪了吧！

接下來我要分享的是「沉沒成本」（sunk cost）的概念。此為《金錢心理學》（*Dollars and Sense*）這本書的讀後心得整理。

什麼是沉沒成本？

所謂的「沉沒成本」，指的是經濟學和商業決策制定過程中會用到的概念，代表已經付出且不可收回的成本。例如，你申請星展飛行世界卡，不管第一年刷了多少錢，都一定得支付年費 3,600 元，這就是不可收回的成本。

「我們在投資一項事物之後，就會變得難以捨棄那項投資，因此會繼續投資下去。」關於這句話，《金錢心理學》中舉了有趣的例子解釋。

作者有一個認識十多年的朋友，朋友想跟結婚十多年的妻子離婚，但遲遲下不了決定。作者問他：「假設你沒有跟你的妻子結婚，而是維持男女朋友的狀況十多年，以你對她的了解，現在你會跟她求婚嗎？」他斬釘截鐵的說：「不會！」

作者問他：「那麼此時，你應該做出什麼決定？」他的朋友立馬決定離婚。因為這位朋友之前看重的是過去這一段感情裡，他已

付出多少的時間跟精力，而不是向前看。結果，他的未來因少了這段不良關係，從此海闊天空。

哩程卡的年費，就是你的沉沒成本

大部分的哩程卡，都需要支付年費。例如，中信 ANA 極緻卡或無限卡正卡年費首年 6,600 元、次年 8,000 元，就是一例。當你支付了首年的年費後，這筆 6,600 元就成了你無法改變的過去，即使叫你要勇敢的往前看，不要回顧過去，你還是會時時刻刻惦記著自己曾付出的年費，想著如何把年費賺回來。

日復一日，等到第 13 個月後，帳單上出現次年年費 8,000元。這時，你到底要不要繼續繳這筆錢？想來想去，還是想不出個所以然。

你可以參考我前面對中信 ANA 卡年費的分析，再衡量自己的年刷卡額是否有可能把年費 A 回來。但人們的考量往往不會只有「未來消費」，有時還會考慮「過去曾經」累積了多少哩程、離自己夢想的航程還差多少可以集滿⋯⋯這就是你的沉沒成本。

哩程卡就是讓人充滿矛盾、需要經過諸多計算的產品，但真正理性的想法，就如同前面夫妻離異的例子一樣，你要思考的，**是自己「未來」會使用到這張卡的可能性有多少**。將來你的夢想藍圖裡，有沒有這張卡的存在？你還想要繼續過著累積哩程的辛苦生活嗎？一年一度的年費出帳時刻，就是讓你好好思考這一個問題的絕佳時機。

拿起剪刀斷捨離

在我持有的四百多張信用卡裡，「哩程卡」這個類別，是被我**剪得最頻繁的一種。為什麼？因為必須支付「年費」。**為了不被沉沒成本拖累，年費卡只要用滿一年、達到我的目的後，我便二話不說直接停卡。

我停的第一張飛行哩程卡，就是澳盛飛行御璽卡。這張卡的年費 1,800 元，以 2014 年的物價水準來說，真的有些昂貴。所幸澳盛那時有一個特別的免年費方案——首年刷滿 50 萬元，就可減免首年年費。幾經衡量，我覺得全家人的消費應該可以撐過這個門檻，所以毅然決然辦了人生的第一張年費卡。經過一年辛苦努力刷卡，確認首年消費有超過 50 萬元後，我便開開心心的去要了 1,800 元的年費回來，並且把這張卡剪了。

至於過去累積的哩程，就併入澳盛飛行白金卡中，反正一年刷 12 次就可把哩程放在帳戶裡，終生有效。這一放，我就放了幾年都沒有動過。直到 2017 年底，星展銀行承接澳盛銀行的臺灣個人金融和財富管理業務，之後把這 2 張卡重新包裝成飛行鈦金卡跟飛行世界卡，才讓我又重新拾起這黑白卡組。

不看過去，才能擁有未來

我常遇到許多人在粉絲專頁私下問我：「寶可孟，我一年約刷 10 萬至 20 萬元，適合入手哩程卡嗎？」我常勸退這些網友，畢竟辦了哩程卡，等於頭就洗一半了，要再換卡，談何容易？

　　當然你若有豁達的心胸，不計較你的沉沒成本，認為哩程過期、歸零也無所謂，能立馬轉跳到其他航空哩程、或退回使用現金回饋卡，我也沒有意見。但大多數的人還是會被沉沒成本限制，這份心理壓力就年復一年、日復一日的存在，如同一顆沉重無比的石頭壓著你喘不過氣。

　　因此，在「最大化自己利益」與「沉沒成本」之間取得平衡點，就是大家的辦卡、選卡課題。我的建議是**年刷若沒有 50 萬元（每個月平均 4 萬 1,000 元），還是仔細想想再跳坑**。如果你已深陷地獄，為了讓自己將來更加美好，即時的停損脫坑，我想也不是一件那麼困難的事，只要你「理性」思考即可。

　　我們不僅會看沉沒成本的金額（你繳交的年費），也會看伴隨著那些金額的所有選擇、努力、希望和夢想，於是它們就變得更加沉重了。

　　辦一張哩程卡需要付出的沉沒成本，或分手、離婚時可能會遇到的沉沒成本，幾乎是你的沉重負擔。我們經常無法做出對自己生命最好、最正確的選擇，往往就是困於對沉沒成本的算計，而因此蒙蔽了雙眼。

　　交了一個怨偶，那就分手吧！辦了一張不合適的信用卡，那就剪了吧！唯有揮別過去，才能迎向更美好的未來。你的皮夾，才能保留位置以容納將來那張更好的信用卡；你的心，清空了，將來那位對的人出現，才有空間容納他。

9

揪親友一起辦卡，
電影票、豆漿機通通免費

　　信用卡目前所能提供的最好福利，是刷卡賺點數或現金回饋。但臺灣的銀行業競爭實在太激烈，於是他們就把腦筋動到持卡人身上，開始推廣所謂的 MGM 活動，把消費者搖身一變，成為「超級業務員」。MGM 的原文為「Member Get Member」，意即「好康逗相報」。MGM 活動以各種獎勵鼓勵持卡人邀請親友辦卡，這已經成為銀行業的主流。

為什麼銀行要玩 MGM？

　　銀行推廣 MGM 最簡單的原因，就是節省成本。如果一個信用卡業務員每個月不能為銀行帶來 20 至 30 件以上的業績，然後銀行還得支付他勞健保，根本不划算。

　　所以把這些業務員的工作，分配給數十萬、數百萬的廣大卡友，豈不妙哉？目前銀行支付卡友的介紹費不過才 200 至 500 元不等，了不起加碼到一個人 700 元，這都比培養一個信用卡業務要省得多。

　　其次就是關於信用卡的「動卡率」，MGM 的成效其實比一般業務推卡的動卡率高。簡單來說，你在逛影城、百貨公司時，一定

有在路上被攔下來，央求你辦卡的經驗吧？像這種一時心軟辦的卡片，你可能拿到了就丟一旁，連卡都沒開；但如果你的親友跟你說有一張神卡有多厲害，他用這張卡省下多少錢、換到一張機票，聽完後你的眼睛都亮了起來：「我也要辦一張！」這兩種辦卡心態天差地遠。

在銀行省成本的前提下，就有不少部落客如寶可孟，開始在網路上邀請大家一起辦卡，我玩的「揪團辦卡」活動，其實就是銀行這一套思維之下的產物。只是我以更加精巧的手法包裝，並且以**「互利共享」為號召**──跟我這團，我就與你分享推薦人的好康，讓大家都有好處可拿，引起廣大網民的注意，然後，寶可孟的MGM 宇宙就此成形。

我的玩法很簡單，就是把銀行給我的獎勵，分一半出去給大家，展現「互利共享」的精神。不過，其中還可以分成兩大類別：

- **獎金分一半出來購買獎品抽獎**：比較經典的案例，就是玉山 Pi 拍錢包信用卡的揪團模式。我在 2019 年 2 月舉辦了 iPad 抽獎、3 月舉辦了 Switch 抽獎、4 月則是 6,000 元現金抽獎、5 月抽10 箱舒潔三層式衛生紙、6 月抽 10 人份西堤餐券。這些獎品的資金來源，都是玉山銀行給我的揪團獎勵。只要夠大團，能回饋粉絲的質跟量就有顯著的不同。

- **把我的影響力分一半出來，幫大家揪團友**：這個玩法就比較特別了，全臺灣沒有幾個人玩得起這種模式。畢竟自己揪團友都不夠了，哪有可能再幫別人揪團友？而且你要怎麼評定要優先幫誰揪團友？這都是要解決的問題。

　　為了能取信於眾人，兼顧公平且公正的制度，我會保留每一次的揪團名單，並且設計評分制度「寶可孟麻吉指數」，只要你參與我的活動越踴躍，得分就越高、排名就會越前面。

　　核驗每個人曾參加過的活動，老實說很繁雜，但這個制度卻能取信於眾人，最後真的有粉絲因為我幫他們揪到團友，入帳了上千元的刷卡金。簡而言之，我可以做到幫粉絲揪團友，讓忠實粉絲比別人多拿好幾千元的刷卡回饋金。

你也可以發揮影響力，開始揪團友

　　揪團友絕對不只是網紅專屬的權利，每個人身邊都會有親戚朋友，你不一定要很認真的推廣，只要真心覺得某張卡片好用，把它分享給親友，一樣也有揪團的效果。

　　舉個簡單的例子，遠東商銀（遠銀）Bankee 信用卡，堪稱全臺灣最複雜的信用卡，但我的一位粉絲居然可以在一季揪超過 16 人。在驚訝之餘，我也特別寫信請教他，詢問他如何向親友推廣 Bankee 卡。他回信跟我說：「其實不難，2019 年第一季的贈品很優渥，刷 3,000 元就可以領取 400 點金讚點數，並且能兌換 2 張威秀電影票和一臺九陽豆漿機，簡單計算一下就知道這絕對是划算的交易。」他只不過是把這個好康跟親友分享，並且提醒他們拿到卡後要刷 3,000 元，好康就全部一網打盡。

　　不必是超級業務員，只要把自己覺得好的產品跟親友分享，就可以完成揪團的任務。以銀行的立場來說，當然也不希望網紅、部落客占盡好處，而是希望每一位卡友都能發揮自己的影響力，只要

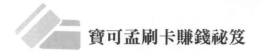

卡友多邀請一位卡友辦卡，該銀行的卡量就翻一倍。當然宣傳辦卡的成效好不好，還是得看銀行自身產品的競爭力。

◀ 遠東商銀 Bankee 信用卡（左為萬事達卡，右為金融卡）

10 薪水自己賺，18 家銀行揪團辦卡回饋大公開

如果你正打算踏入「揪團坑」，為自己多賺零用錢、加菜金，我有一些簡單的揪團心法跟注意事項供你參考。

臺灣的銀行裡，推出 MGM 活動的銀行有第一銀行、上海商銀、台北富邦、兆豐商銀、花旗銀行、王道銀行、遠東銀行等。

在參加活動時，能否揪團成功的最大因素，就是**把資訊傳遞給親友的方便性**。例如，若銀行有建置專屬的個人推廣連結，那麼你只要把連結分享出去，就可以達到推廣的效果；如果必須填寫紙本申請書，且必須填寫推薦人的身分證字號，成功率就降低很多。畢竟人都怕麻煩，如果不能直接在手機上快速處理，很可能就放棄。以上是關於「前端系統」的建置。

再來，就是在親友核卡後，推薦人是否能很快速的查詢。大部分的銀行都沒有建置查詢名單，讓推薦人光是想查詢核卡人數就遇到困難，更遑論取得名單。沒有名單，我在回饋粉絲時，在資格確認與贈獎方面就不太方便。以上是關於「後端系統」的建置。以下（圖表 1-18）就是根據我的揪團經驗，為各銀行的前端系統、後端系統打分數：

● 前端系統：包括能否讓卡友一鍵產生自己的推廣連結，且不要暴露個資的方便性，最差的是 0 分，最完整的給予 100 分。

● 後端系統：能否讓卡友查詢幾人核卡、核卡名單，或銀行主動告知，其完整度最差的是 0 分，最完整的給予 100 分。

● 總分：以上兩個數字取平均值，就是各銀行得到的總分。

上海商銀，推薦一人贈 300 元

我參與的上海銀行信用卡推廣活動，是 2018 年第 4 季的「簡單卡」，其活動設計亦是我覺得最陽春的。當然這跟該行重心不在消費金融這一塊有關。上海商銀簡單卡享有「1、2、3 回饋」：國內 1%、海外 2%、中日韓三國 3% 回饋，在推出當時算是回饋率非常不錯的信用卡。

我在 2018 年第 4 季總共推廣了 8 名新戶，這是活動過了 3 個月後，我在 4 月致電客服，還要報請後端查 3 天才查出這個數字，然後連哪 8 個人都查不到，故給予 20 分。

近期則是趁著「2020 年東京奧運」熱潮，與 VISA 合作推出專屬的忍者版卡面，非常帥氣。

● 推薦獎勵：每推薦一人贈 300 元刷卡金，無上限。
● 產生推廣連結：無系統，須在申請書中填身分證字號或銷帳編號。
● 查詢系統：無系統，須詢問客服（0800-050-011）。

【圖表 1-18】全臺銀行揪團系統評分大公開

排名	銀行別	前端系統（占 50%）	後端系統（占 50%）	總分
1	第一銀行	100	100	100
2	聯邦銀行	100	100	100
3	台北富邦	100	95	97.5
4	遠銀 Bankee	100	90	95
5	王道銀行	100	85	92.5
6	玉山銀行	100	85	92.5
7	Richart	100	80	90
8	兆豐商銀	100	80	90
9	國泰世華	100	60	80
10	遠銀信用卡	100	50	75
11	花旗銀行	100	30	65
12	中國信託	100	20	60
13	永豐銀行	100	0	50
14	美國運通	100	0	50
15	滙豐銀行	100	0	50
16	渣打銀行	100	0	50
17	台新銀行	100	0	50
18	上海商銀	40	0	20

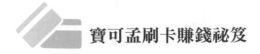

台新銀行（街口聯名卡），推薦一人贈 300 元街口幣

　　台新銀行在 2019 年第 4 季突破法規限制，開始玩起 MGM 活動。首先推出街口卡的 MGM 活動，你只要在銀行官方網站上產生自己的辦卡連結，並且丟給親友即可。不過台新銀行沒有做查詢系統，所以若想查自己到底推了幾張卡，只能打給客服詢問。

　　我記得 2019 年卡板邦聯盟也努力推卡一陣子，但我名下居然是 0 張卡，而本書推薦人之一的 CW 名下至少有 4 張卡，令人懷疑這家銀行的系統是否出了什麼問題。因為無法公開查詢的關係，讓人產生不信任感。

- 推薦獎勵：每推薦一人贈 300 元街口幣，依不同級距有不同獎品。

推薦人數	推薦獎勵
1 至 4 人	300 元街口幣
5 至 9 人	BRUNO 多功能電烤盤 1 臺
10 至 14 人	Panasonic（NA9B）奈米水離子吹風機 1 臺
15 人	Nintendo Switch 藍紅主機 1 臺

- 產生推廣連結：直接在活動頁面上產生推廣連結。
- 查詢系統：無系統，須詢問客服。

渣打銀行，平均每揪一人贈 1,100 元

渣打銀行在 2019 年第 4 季就加入 MGM 的戰場，推出的揪團優惠非常吸引人，但渣打現金回饋御璽卡不是想像中的那麼好推廣（銀行審核嚴格），所以若想推廣親友入手這張卡，必須多加努力，找尋經濟能力還不錯的親友申請，核卡機率才會高。至於推薦查詢系統在截稿前尚未看到，所以不予評分。

- 推薦獎勵：每推薦一人贈 500 元，依揪團級距再享加碼獎金，揪 10 人再多 6,000 元，平均每揪一人贈 1,100 元，算是非常高的獎金。

推薦人數	推薦獎勵	加碼回饋	總共可得
3	1,500 元	1,000 元	2,500 元
6	3,000 元	3,000 元	6,000 元
10	5,000 元	6,000 元	11,000 元

- 產生推廣連結：在活動頁面上產生推廣連結。
- 查詢系統：2020 年 3 月截稿前尚未看到查詢系統。

滙豐銀行，推薦一人贈 500 元

　　滙豐銀行算是早期願意採用聯盟行銷（Affiliate Marketing）的外商銀行，只要在 iChannels 聯盟網註冊，就能取得專屬的推廣連結，算是部落客的一大福音。現在更是開放 MGM 活動，所有的卡友都能推廣滙豐信用卡。自 2020 年起，已建置推薦連結產生系統，算是有跟著時代進化；目前尚未有線上查詢系統，若想查詢名下親友的核準情況，只能請客服協助。

- 推薦獎勵：依卡別不等，每推薦一人贈 500 至 750 元刷卡金，年度上限 1 萬 5,000 元。
- 產生推廣連結：直接在活動頁面上產生推廣連結。
- 查詢系統：無系統，須詢問客服（0800-000-098）。

美國運通信用卡，贈長榮航空無限萬哩遊

　　美國運通簽帳金卡在 2019 年第 1 季的推廣活動非常厲害──每介紹 1 名新戶能獲得 3,000 哩長榮哩程。可惜在 2020 年起，免年費的簽帳金卡只剩下 2,000 哩，縮水了！不過美國運通也開始重視 MGM 的市場，開放旗下 4 張信用卡均有不同獎勵，對於一般人來說非常有吸引力；只是大部分的美國運通卡均須繳交年費，所以推廣上還是有一定的難度。然而，你無法查詢被推薦人是否有成功核卡。若有查詢需求須致電美國運通客服。

- 推薦獎勵：依不同卡別有不同的獎勵：

推薦卡別	推薦獎勵
美國運通簽帳白金卡	「會員酬賓」積分 6,000 分
美國運通長榮航空簽帳白金卡	長榮航空「無限萬哩遊」6,000 哩
美國運通信用白金卡	「會員酬賓」積分 3,000 分
美國運通長榮航空簽帳金卡	長榮航空「無限萬哩遊」2,000 哩

- 產生推廣連結：官方網站即可產生個人推廣連結。
- 查詢系統：無系統，須詢問客服（0800-011-511）。

永豐銀行，推薦一人贈 500 元

永豐信用卡在 2019 年異軍突起，上半年的食食 pay 活動讓大家在繳稅時獲得最高 6%的好康，6 月又推出「大戶現金回饋卡」，讓發卡量一路往上衝。永豐前端系統做得很好，可以讓你線上產生自己的推廣連結，但沒有查詢系統，你只能人工致電確認人數，無法獲得名單。前端產生推廣連結很棒，但後端系統是 0 分，平均 50 分，期待永豐銀行在 2020 年可以做得更好。

如果你是揪團高手，有機會請後端產品 PM 協助調整上限，像卡板邦每人的揪團上限為 500 人，全團的年度上限是 1,500 人。

- 推薦獎勵：每推薦一人贈 500 元刷卡金（上限 20 人）。
- 產生推廣連結：官方網站即可產生個人推廣連結。
- 查詢系統：無系統，須詢問客服（0800-886-688）。

中國信託（中油聯名卡），推薦一人贈 500 元

中信其實很早就完成全行卡友的推薦系統，只要在指定系統輸入推廣代號，產生的連結就可以廣發親友，推薦者每推薦 1 位新戶可以拿到 500 元刷卡金。這個好康沒有任何推廣頁面，須詢問客服才能得知。

除了上述的系統之外，目前也有針對特定卡別推出 MGM 活動，如中信 LINE Pay 卡 2019 年舉辦過 2 季、「大中華攜手飛」持續舉辦；目前比較夯的是中信中油聯名卡，有推出正式的親友推薦系統。中信的系統一樣有「無法查詢」的問題，頂多建置查詢「人數」的系統，連名單都無法讓揪團者查詢，非常可惜。

- 推薦獎勵：每推薦一人贈 500 元刷卡金。
- 產生推廣連結：官方網站即可產生個人推廣連結。
- 查詢系統：官方查詢系統陽春，詳細資格仍須詢問客服（0800-001-234）。

花旗銀行，推薦一人贈 1,000 元

花旗是全臺灣最早投入 MGM 的外商銀行，但系統老舊不思更新，只會發送「核卡幾人」的 E-mail 給消費者，說真的只揪幾個親友倒是還夠用，但如果在網路上灑網，就很難查詢。

為什麼花旗的 MGM 獎金會拉高到一人 1,000 元，幾乎是全臺之冠？很簡單，因為卡片的基本回饋率太差，銀行卻不想全面提升卡片回饋內容，只把預算都丟進 MGM 獎金或贈送超大型 28 吋旅行箱，很明顯是想用大量的獎金或贈品吸引人辦卡。但產品的基本面不好，若消費者只是為了獎品而辦卡，最後拿完首刷獎品後，就會把卡片丟進抽屜。

- 推薦獎勵：每推薦一人贈 600 元至 1,000 元刷卡金。
- 產生推廣連結：官方網站即可產生個人推廣連結。
- 查詢系統：官方 E-mail 每日回報成功核卡人數。

遠銀信用卡，推薦一人贈 500 元

遠銀信用卡跟遠銀 Bankee 是兩個不同的產品部門，故分開來討論。遠銀信用卡在 2019 年第 1 季加入 MGM 戰局。一開始的系統非常原始，須提供身分證字號給親友，請他們在系統上填寫才算完成跟團，非常的不方便。大概過了兩個月左右，遠銀推出推廣連結系統，大家只要輸入自己的身分證，就會出現專屬的推廣連結，方便大家廣為宣傳，又不會洩露個資。

揪完團後，問題是該如何查詢名下的跟團者是否核卡。遠銀一開始不讓消費者查詢名單，因為我會幫粉絲揪團友，故我只好動員所有揪團的粉絲，打電話要求查詢正確的名單，遠銀被煩到受不了，最後生出一個折衷的辦法：每個月寄送簡訊通知有多少人跟團。雖然仍無法查到名單，但我覺得已可接受。

- 推薦獎勵：每推薦一人贈 500 元刷卡金，無上限。
- 產生推廣連結：官方網站即可產生。
- 查詢系統：每個月以簡訊回報成功核卡人數。

國泰世華（KOKO 數位帳戶），推薦一人贈 100 元

國泰世華的玩法算是簡便的做法。首先，你要有 KOKO 會員，之後就可以在 App 設定一個自己專屬的 ID，只要把這個 ID 分享給親友，他們在申辦 KOKO 帳戶時順便輸入，就完成推薦。產生推廣連結的方式，我給 60 分，主要是因為沒有辦法像其他銀行一樣，產生完全隱藏個人資訊的推廣連結，而是要用自己設定的 ID 來相互告知。

不知道是銀行沒錢，還是揪友開一戶的價位就只值 100 元？台新 Richart 給 100 元、國泰世華 KOKO 也給 100 元、王道給 168 元，差不多這個價格。

國泰世華在查詢系統方面就更簡單了，因為你跟親友之間互加好友，所以登入時，自然而然可以看到他人的名字。最後我給予這個系統的平均分數是 80 分。希望 KOKO 將來能越做越好。

- 推薦獎勵：每推薦一人贈 100 元現金，最高 1,000 元。
- 產生推廣連結：在 App 設定 ID 後，分享給親友即可。
- 查詢系統：加好友即可確認。

國泰世華（亞洲萬里通聯名卡），不送錢送里數

國泰世華針對亞洲萬里通聯名卡推出親友推薦活動，為的是對抗玉山 Only 卡。雖然這是國泰的第一張 MGM 信用卡，但推薦系統與查詢系統皆有建置，不過裡面僅有「推薦好友」、「已申辦卡片」、「達成活動條件」欄位，算是滿陽春的，所以查詢系統給予 60 分。

- 推薦獎勵：依不同卡等給予不同的里數：

推薦卡別	推薦人取得的里數
世界卡	1 萬里數
鈦商卡	5,000 里數
白金卡	2,000 里數

- 產生推廣連結：官方網站即可產生個人推廣連結。
- 查詢系統：有建置，登錄基本資料即可查詢。

兆豐商銀信用卡，推薦一人最高 500 元

兆豐是一間肯接受市場建議的銀行。我跟該行信用卡處處長建議可以推出查詢 MGM 系統，結果系統在半年後上線。這不得不讓我讚嘆處長的用心之處，因此大家現在可以輕鬆按一鍵，就產生自己的辦卡連結；也可以在系統上查詢名下的推廣卡片數，非常的便利。美中不足的是系統僅能查詢半年內的資料，太久遠的就需要致電客服協助查詢。

• 推薦獎勵：

活動期間	2020 年 3 月 1 日至 2020 年 6 月 30 日
指定卡別	Mega One 一卡通聯名卡、e 秒刷鈦金卡、利多御璽卡（包含 2020 年東京奧運主題卡面）
活動方式	只要為兆豐銀行任一信用卡卡友，於活動期間內推薦兆豐全新戶申辦指定卡別，並於活動期間內核卡者，且雙方於被推薦人核卡後 30 日內皆有任刷一筆一般消費，推薦人即可獲得以下的對應刷卡金，每位推薦人獲獎無上限。 • 結算時卡數 1 至 9 張：每卡刷卡金 200 元 • 結算時卡數 10 至 19 張：每卡刷卡金 300 元 • 結算時卡數 20 至 29 張：每卡刷卡金 400 元 • 結算時卡數 30 張以上：每卡刷卡金 500 元

• 產生推廣連結：官方網站即可產生。
• 查詢系統：系統能查詢半年內資料。

台新 Richart 數位帳戶，推薦一人每季最高贈 500 元

Richart 的推廣連結系統做得很好，只要消費者完成開立帳戶就會自動配發連結，這不是很順其自然的一件事嗎？消費者在 App 中，看到辦卡好康，當然立馬就丟給親友，所以大家在自發性的主動推廣下，產品的擴散性就更強了。我很欣賞開戶完成就取得推廣連結、成為推銷員的一條龍做法。

那麼，該如何確定自己的推薦人數？Richart 的 App 可以查詢被推薦人的狀態是「開戶中」、「已完成」，甚至每有一位親友開戶成功，App 都會主動推播告知。美中不足的是，單靠手機號碼確認，對一般人來說還是有困難，畢竟我們不可能記得每一位親友的電話號碼。

- 推薦獎勵：每推薦一人贈 100 元現金，每季最高 500 元現金。
- 產生推廣連結：須在 Richart 的 App 內取得。
- 查詢系統：在 Richart 的 App 內，可以查到手機號碼跟自設代號。

玉山銀行，推薦一人贈 500 元

玉山銀行近年非常積極的布局 MGM 活動，最早的活動是玉山幸運 PLUS 鈦金卡，只要邀請親友申請，推薦人跟被推薦人各享 200 元刷卡金。因為這張卡限定女性申請，所以我請我姊姊申請，

接著在網路上邀請網友一起申請，最後居然讓我姊姊當月的玉山帳單有近 4,000 元的刷卡金進帳，看到帳單她都傻眼了。

近年則是玉山 Pi 拍錢包信用卡跟玉山商務御璽卡，都有推出500 元等值獎勵的活動，非常適合大家積極的跟親友分享，多賺加菜金；玉山 Pi 拍錢包信用卡在 2018 年推出時，也順勢推出好友相揪的活動，我在半年內就揪了超過 520 人一起辦卡，以一位新戶300 點 P 幣（由「Pi 拍錢包」發放，1P 幣等於 1 元）來算，總計入手了 15 萬 6,000 點 P 幣，可見揪團的力量真的很厲害，2020 年3 月起揪團獎勵加碼至 500 點 P 幣。

玉山在 2019 年第 4 季終於推出線上 MGM 查詢系統，讓大家可以登入系統查詢自己名下推廣了多少人，不過目前僅限「玉山Only 卡」、「玉山 U bear 卡」，反而是線上正在推廣的玉山卡片無法查詢。

- 推薦獎勵：依不同的卡片而有不同的回饋：

推薦卡別	推薦獎勵
玉山商務御璽卡	500 元刷卡金
玉山 Pi 拍錢包信用卡	500 點 P 幣

- 產生推廣連結：直接在活動頁面上產生推廣連結。
- 查詢系統：已在官方信用卡頁面建置系統，可登入查詢。

王道銀行數位帳戶，推薦一人贈 168 元

　　王道在 2017 年左右，正式開放開立數位帳戶，那時就已建置親友推薦系統。和 Richart 一樣，只要開戶就可以取得自己的推廣連結，將之分享給親友就好。所以王道開戶數衝到全臺第 2 名的三十多萬戶，其推薦系統功不可沒。由於便利性的關係，前端系統我給予滿分的高分。

　　另外關於核對系統，王道做得很完整。只要登入網路銀行或 App，就可以看到完整的資料：姓名（中間有隱碼）、開戶日期。只要有這兩個項目，就可以核對跟團者的資料。令人覺得困惑的是，只能看到近 6 個月的開戶資料，超過 6 個月前的跟團資料，會以一天天的方式消失，令人費解。因為只能查詢近半年的資料，無法查詢前一、兩年的揪團者資料，不利於我辦抽獎活動。

- 推薦獎勵：每推薦一人贈 168 元，無上限。
- 產生推廣連結：須在 App 或網路銀行內取得。
- 查詢系統：在 App 或網路銀行內，即可查到姓名跟核卡日期。

遠銀 Bankee 數位帳戶，推薦一人贈 100 金讚點

　　Bankee 這個產品的設計理念就是「好友推薦」，自然前端的推薦系統做得很完美——只要核卡或開戶通過，即可在 App 取得自己的推薦碼，將之分享出去即可。

查詢系統的部分，其實在 2018 年 11 月產品上線時還未建置。最主要的原因，是遠銀法務那關很難通過。在我鍥而不捨的傳達需求後，Bankee 高層開始正視這個問題，並且在 2 個月內就建立好查詢系統。

但我後來遇到另一個問題：當本團人數超過 900 人，就變得很難找資料，因為資料量太多了。希望將來可以增加查詢、排序的功能，這樣我就能更快篩選出我要的名單。

- 推薦獎勵：每推薦一人贈 100 點金讚點。
- 產生推廣連結：核卡後可在 App 取得自己的推廣連結，官方網站亦可查詢。
- 查詢系統：App 內有設置查詢系統，可查詢姓名（中間隱碼）、核卡及開戶日期。

北富銀 OMIYAGE 卡，推薦一人贈 200 元

這個系統，是我接觸過這麼多 MGM 活動以來最令人驚豔的。因為它有「自動推播」的特性，而且每日下午 1 點定時回報完成任務的名單給我、對話紀錄不會消失（只要你不解除好友）。

MGM 信用卡推薦的行情，佣金差不多是 500 元（遠銀信用卡），好一點的到 1,000 元（花旗信用卡），最高是 1,100 元（渣打信用卡）。銀行要給的夠多，大家才有動力協助推廣不是嗎？北富銀只給 200 元刷卡金，說實在的是壓低市場行情。

- 推薦獎勵：每推薦一人贈 200 元刷卡金。
- 產生推廣連結：綁定北富銀 LINE 個人化帳戶即可取得推廣連結。
- 查詢系統：親友核卡後，直接推播通知核卡者的姓名（有隱碼）。

聯邦銀行賴點卡，推薦一人贈 200 點 LINE Points

聯邦銀行在 2019 年 7 月推出賴點卡，也舉辦揪團活動，讓卡友發揮業務員的精神，開始邀請身邊的親友辦卡。不過回饋似乎不太給力，只有 200 點的情況下，實在有點難吸引持卡人用力推卡。但新卡上市，在大家對這張卡還有新鮮感的前提下，是比較好揪團的信用卡。

2019 年秋天之後，聯邦銀行推出專屬的查詢系統，讓我省去許多致電客服查詢的時間，而且這檔活動在 2020 年持續辦理。我給非常滿意的 100 分。

- 推薦獎勵：每推薦一人贈 200 點 LINE Points，無上限。
- 產生推廣連結：可在活動頁面上產生推廣連結。
- 查詢系統：可直接在線上查詢名下有哪些人、是否符合新戶資格、是否完成刷卡任務。

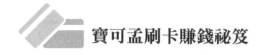

第一銀行：推薦一人最高贈 600 元

第一銀行的 MGM 活動已經經營很久了，推薦人光是登入網路銀行就可直接查詢誰在自己的名下，還有被推薦人辦了哪張卡、何時核卡、是否刷了第一筆跟新舊戶身分，一目暸然，真的是我最愛的系統。

2020 年起，該銀行也從善如流改進了進件系統，可以直接在活動頁面上產生專屬推廣連結，整個系統加起來是完美的 100 分。

- 推薦獎勵：

推薦卡數	推薦獎勵
1 張卡	每張卡 400 元
超過 5 張卡	每張卡 600 元

- 產生推廣連結：可在活動頁面上產生推廣連結。
- 查詢系統：登入網路銀行，或是活動頁面即可查詢。

派兵上場打仗，就該給武器

看完以上全臺灣銀行的 MGM 系統大評比，是不是有發現一個有趣的現象？大部分的銀行都把前端的系統做好，但後端的查詢僅約 6 成的銀行完成系統的建置。這代表什麼？就是還有 4 成銀行只

想吃消費者豆腐，運用我們對親友的影響力協助推卡，但最後獎金給多少，完全不能查詢與核對，或查詢困難，讓許多人打退堂鼓。

我很希望藉由這篇文章的分析，讓更多銀行高層看到消費者的需求。哪有派士兵上場打仗卻不給武器的？銀行聘用信用卡業務，至少可以讓他查詢進件狀況，現在消費者化身為銀行業務，卻因為個資法的關係，任何資訊都查詢不到，真的令人匪夷所思。唯有改善查詢系統，才能讓大家更願意花時間、心力幫助銀行推廣產品。

揪人辦卡，我替自己加薪 100％

我從 2018 年以來，就努力在網路上號召粉絲一起開戶辦卡；2019 年成立卡板邦聯盟後，推廣成效更是驚人：

【圖表 1–19】卡板邦聯盟 2019 年推卡成效

銀行產品	第 1 季	第 2 季	第 3 季	第 4 季	總推廣人次
永豐信用卡	40	430	303	50	823
遠東銀行信用卡	110	142	33	5	290
玉山商務御璽卡		50	230	31	311
聯邦賴點卡			216	400	616
玉山 Pi 卡	89	99	20	100	308
遠銀 Bankee	122	181	100	400	803
玉山 Only 卡				2000	2000
總推廣人次					5,151

　　簡單計算一下：平均一張卡的新戶推薦獎金為 500 元，5,151 張總卡量扣除舊戶約 1,000 張左右的數量，年度新戶獎金約為 500 × 4,000 張卡＝ 200 萬元收益，其中將 50 萬的收益回饋粉絲，卡板邦聯盟 3 人平均一人可以得到約 50 萬元的獎金：〔（200 萬元－50 萬元）〕÷ 3 人＝ 50 萬元，2019 年，我等於替自己加薪 100％。

11
寶可孟麻吉指數，
有錢大家一起賺

影響力值錢嗎？簡單舉個例子：明星代言的產品，總是賣得嚇嚇叫，讓廠商收錢收到手軟，就是「影響力等於金錢」的真實寫照，無怪乎明星偶像的代言費總是天價；舉另一個平易近人的例子：網紅接業配在直播中賣東西，不也是運用影響力換錢嗎？越有號召力的人，越能賺更多錢。

月暈效應在作祟

為什麼人們容易受到明星、網紅的影響？這可以簡單用心理學上的「月暈效應」（Halo Effect）解釋：人們總是先根據初步印象對他人下判斷，然後再從這個印象推論出其他特質。也就是說，人們對他人的認知往往只從局部出發，進而得出整體印象，即是以既定印象概全。

我們面對陌生的商品與資訊時，防衛心會較高。但如果是令人感到熟悉、有公信力的人代言此商品，你的內心就會因為代言人而放下戒心，進而把對公眾人物的信賴感套入商品。這就是明星藝人的月暈效應，影響了我們對產品的第一印象。

我成為網紅之後，通常在粉絲專頁群起吆喝，就會有一群粉絲

一起行動，包括揪團辦卡、開戶等，動員力驚人。有影響力之後，我可以藉著文章導流賺取收益，這是第一種「靠影響力賺錢」的玩法。第二種玩法更進階：**我把自己的影響力分享給粉絲，讓他們也可以從中獲利。**

幫粉絲揪團友

前面有提到，「親友相揪辦信用卡」可以讓你替自己加薪。如果是一般人參與活動，大概身邊的親友揪一揪，可能一檔活動推個 2 至 3 人就很厲害，很難揪到許多人。

我在網路上經營社群平臺這麼多年，發現大家會希望藉由論壇的影響力，多推廣幾個推薦連結，或在我的臉書下方貼自己的推薦碼。我可以理解大家做這件事的動機：想多賺點回饋。

既然網友有需求，我心想，何不乾脆幫大家揪團友？我的影響力那麼大，揪團辦卡動輒數百張，不如把其中一半的影響力分享給粉絲，讓他們多拿幾千元的刷卡金，何樂而不為？

寶可孟麻吉指數──替粉絲排名

我幫大家揪團友，首先要解決的問題就是：先幫誰揪？該如何在確保公平性的前提下，讓每個人心服口服？因此我尋找自己的資料庫，設計出「寶可孟麻吉指數」（見右頁圖表 1-20）以此判斷揪團友的優先順序，針對有積極參與我活動的粉絲給予分數──有參與活動就配點，參與越多，分數就越高。

【圖表 1–20】寶可孟麻吉指數

項目	取得點數	永豐 MGM 活動權重	玉山 MGM 活動權重	遠銀 MGM 活動權重
擼羊毛幼幼班成員	30 點	1 倍	1 倍	1 倍
省錢金點	1 枚得 1 點	1 倍	1 倍	1 倍
虧雞抖內風雲榜	依排名 10%至 1%	1 倍	1 倍	1 倍
Trace Me 2019 揪團	買 1 張得 10 點	1 倍	1 倍	1 倍
鉅亨買基金	30 點	1 倍	1 倍	1 倍
富邦證券開戶	15 點	1 倍	1 倍	1 倍
玉山商務御璽卡 Q2 跟團	30 點	1 倍	10 倍	1 倍
Bankee 卡板邦（輝哥、CW）	1 點	200 倍	1 倍	200 倍
Bankee 卡板邦（寶可孟）	1 點	450 倍	1 倍	200 倍
遠銀信用卡 Q2 跟團	1 點	1 倍	141 倍	423 倍
永豐信用卡 Q2 跟團	1 點	430 倍	1 倍	1 倍
一銀信用卡 Q2 跟團	1 點	1 倍	1 倍	1 倍
中信 LNIE Pay 卡 Q2 跟團	1 點	1 倍	1 倍	1 倍
兆豐 Gogoro 卡 Q2 跟團	1 點	1 倍	1 倍	1 倍
花旗信用卡 Q2 跟團	1 點	1 倍	1 倍	1 倍

積分權重有效時間為 2019 年第 3 季（7 至 9 月），之後視情況加碼或減碼。

按：擼羊毛指對銀行等金融機構的優惠活動感興趣的人，收集各種相關資訊在網路上傳播。

分數越高，排名就越前面，能優先被我排播新戶辦卡。假設你想要參與永豐信用卡的揪團活動，以 2019 年第 3 季的麻吉指數來看，計算方式如下：

- 你是我的私密社團（擼羊毛幼幼班）的成員，那就可以得到 30 × 1 ＝ 30 點。
- 你也有一張 Bankee 卡，並且跟在寶可孟這團，即可取得 1 × 450 ＝ 450 點。
- 你有參與第 2 季的永豐新戶揪團活動，可以取得 1 × 430 ＝ 430 點。

總計一共是 30 ＋ 450 ＋ 430 ＝ 910 點。這個數字可謂名列前茅，幾乎可以立即排播 4 位新戶，藉此最多可獲得 4 ×推薦獎勵 500 元＝ 2,000 元刷卡金。

不同的活動就參考不同的欄位，我會針對不同的活動進行權重的加碼或減碼。每一季都會更新一次內容，讓大家都能參與不同的活動、維持新鮮感。

卡友互助會──反向直銷商業模式

我在網路上揪團友，不明就裡的人常會覺得我是以直銷的方式在拉人。但直銷老鼠會的上線會幫下線揪團友嗎？這些上位者通常自己吃穿都不夠了，哪有可能會幫自己的下線揪人？所以我的「寶可孟麻吉指數」是反向直銷的商業模式，難以被模仿。難以被模仿

的原因有以下兩點：

第一點，是資料庫建立困難。大部分銀行跟部落客合作時，不會提供核卡名單。沒有名單的部落客，就沒有辦法操作 MGM 活動，因為無法確認跟團者的身分，更遑論贈送獎品回饋粉絲。

第二點，是我得說服粉絲，新戶為什麼要跟團幫助這些和自己不相關的「前輩」？我的活動設計得很有意思：你這一季跟團，下一季就享有加碼分數，讓你比其他人加了好多點數。一開始你以新戶身分幫助「前輩」，將來下一檔活動，你變舊戶就換我幫你找新戶跟上你這團，每個人都可以從這個系統中取得最大的效益，這就是我推出「麻吉指數」的主旨。

解決以上兩個問題，我的信用卡社群就變成大家互相幫助的「互助會」。這一次我幫你辦卡做業績，下一次就有其他人辦卡幫我做業績，「魚幫水，水幫魚」，就是這麼簡單。

我經營部落格跟臉書粉絲專頁多年，發現我的粉絲跟我有一樣的特質：熱愛信用卡，還有對金融商品的敏銳度特高。以往信用卡部落客各自單打獨鬥時，跟粉絲的關係都是單向且單薄，但我用「寶可孟麻吉指數」串連起大家的關係，我們在網路上的發聲就有力道，消費者喜歡或不喜歡什麼，直接看粉絲的討論與回應就知道，我的社群平臺也變成許多銀行從業人員觀察風向、取得最新資訊的管道。

刷卡要全家人一起刷才夠力，現在辦卡也要在網路上一齊揪團，有好康就大家共享，讓銀行見識到眾人的力量。

第二章

總辦卡數破 477 張的理財心得

1

紅利回饋、現金回饋、哩程回饋，怎麼選賺最大？

目前各家銀行推出的信用卡優惠中，以紅利點數、現金回饋、哩程點數為主流，其中我最推崇的就是「哩程點數」。為什麼？因為藉由換中長程機票，可以讓你的哩程價值多翻好幾倍，這就是「點數放大」的迷人之處；現金回饋雖然當道，但少了「放大」的功能，比較不吸引人；最後墊底的就是「紅利點數」，**也是目前刷卡回饋裡最差的類別。**

一般而言，信用卡紅利點數的兌換比率，是每刷卡 20 至 30 元累積 1 點紅利點數，然後每滿 1,000 點可以折抵刷卡金 50 至 60 元，換算下來大約是 0.2% 至 0.3% 左右的回饋率。跟現在的現金回饋卡動不動就 2% 至 3% 回饋相比，真的差很多。

紅利點數的陷阱：看得到吃不到

雖然 1,000 點紅利點數看起來好像不是很難，但就一般小資族來說，若 30 元累積 1 點，得刷滿 3 萬元（30 元 × 1,000 點）才能兌換 50 至 60 元刷卡金，怎麼看都覺得不太親民（各家銀行紅利回饋比較見右頁圖表 2-1）。

一般人不會特定持有某一張卡片一直刷，常會有 2 年紅利點數

【圖表 2-1】各家銀行紅利回饋比較

發卡銀行	每刷幾元可得 1 點	累積兌換點數	折抵現金	回饋率	點數期限	其他
第一銀行	15	1,000	50	0.33%	2 年	白金卡以上
華南銀行	25	1,000	50	0.20%	2 年	
彰化銀行	12.5	1,000	40	0.32%	2 年	白金卡以上
上海銀行	20	1,000	60	0.30%	終身	
富邦銀行	20	1,000	50	0.25%	2 年	
國泰銀行	20	1,000	60	0.30%	3 年	
兆豐銀行	25	1,000	60	0.24%	3 年	至第 4 年生日當月
花旗銀行	30	2,000	100	0.16%	終身	
渣打銀行	10	1,000	25	0.25%	2 年	
永豐銀行	30	1,000	50	0.17%	2 年	
玉山銀行一般卡	25	1,000	60	0.24%	2 年	
玉山銀行 Only 卡	25	1,000	100	0.4%	2 年	Only 卡紅利最高 13 倍，約 5.2%回饋
凱基銀行	30	1,000	60	0.20%	終身	
台新銀行	20	1,000	60	0.30%	2 年	
中信銀行	30	1,000	80	0.27%	2 年	

期限快到期，卻仍湊不滿 1,000 點，什麼都沒得換，然後不知不覺間就過期、歸零的情形。

就算銀行推出紅利 5 倍、10 倍的活動，可以把紅利點數的回饋率從 0.33％往上拉抬到 1.5％，但很多仍是消費者看得到吃不到的情形。

然而，2019 年玉山銀行推出 Only 卡，打破紅利點數回饋低的現狀。首先，提高點數折現比率（一般玉山紅利卡最高為每 1,000 點紅利換 60 元，刷玉山 Only 卡，並在玉山 Wallet App 裡兌換刷卡金，每 100 點紅利可換 10 元）；且此卡目前推出「紅利倍多芬」機制（至 2020 年 6 月 30 日），紅利最高放大 13 倍。

紅利點數換哩程較划算

有別於一般紅利回饋，我認為**無腦現金回饋最適合一般人**，例如永豐大戶現金回饋卡，國內消費回饋 2％、海外消費回饋 3％，且是直接回饋現金至持卡人大戶帳戶內，遠遠勝過「刷卡金」（折抵當期或次期帳款）回饋，你還得想辦法把它刷掉。

一般情況下紅利點數兌換現金回饋，是最不明智的做法，比較划算的做法是拿來兌換航空哩程。

範例 1：台北富邦的「富利生活卡」

富利生活卡的點數累積比例為每消費 20 元換 1 點紅利，八大指定通路（百貨、量販、超市、餐廳、加油、書店、旅行社、航空

公司）紅利 5 倍。富邦紅利的哩程兌換門檻，是 2 萬 2,500 點紅利兌換亞洲萬里通 5,000 里數。也就是說，就算你用富利生活卡刷八大指定通路，那也得在它的紅利過期前（富邦紅利有效期限為 2 年），刷滿 9 萬元（2 萬 2,500 點× 20 ÷ 5），才能得到 2 萬 2,500 點以兌換亞洲萬里通 5,000 里數（須累積至少 7,500 里數才能兌換臺北香港單程機票）。

9 萬÷ 5,000 ＝ 18，也就是 18 元 1 哩，幾乎比繳交年費的哩程卡划算。但你得在 2 年內刷滿 9 萬元才能換，門檻不低。對小資族而言，2 年內要刷到 3 萬元都有點困難，更何況是 9 萬元？

銀行的紅利點數一定要搭配航空公司的哩程計畫才划算。不過很矛盾的是，要玩哩程，沒有年刷 40 至 50 萬元，實在很難在紅利點數有效期限內兌換機票，在換到機票前，所有的回饋都不算數，所以風險很高。

範例 2：玉山 Only 卡紅利最高 13 倍

玉山銀行在 2019 年 9 月推出玉山 Only 卡，主打「紅利倍多芬」機制。刷玉山 Only 卡每消費 25 元可累積 1 點紅利點數（未滿 25 元部分不予計算），滿 1,000 點可折抵 60 元的購物金或兌換商品。如果單看紅利 1 倍的刷卡回饋率，僅有 0.24％：60 元÷（25 元× 1,000 點）＝ 0.0024（若在玉山 Wallet App 內兌換刷卡金，紅利點數的兌換比率提升到 100 點兌換 10 元，回饋率提升到 0.4％）。但配合此卡推出的活動亮點在於「紅利點數倍增」系統：

【圖表 2–2】玉山 Only 卡「紅利倍多芬」機制說明

等級	Level1	Level2	Level3	Level4	Level5
升等條件	申辦玉山 Only 卡	累積消費達 1 萬 6,800 元	累積消費達 16 萬 8,000 元	累積消費達 38 萬 8,000 元	累積消費達 68 萬 8,000 元
一般消費	1 倍	2 倍	4 倍	6 倍	8 倍
指定消費（餐飲、國外消費、指定旅行社）	6 倍	7 倍	9 倍	11 倍	13 倍

　　由上面圖表可知，當你用玉山 Only 卡刷越多，只要符合各等級的升等條件，紅利點數的回饋倍數就越大。因此，我推薦你可以利用此活動累積紅利換哩程數。以下的表格是取自玉山銀行的航空哩程兌換說明：

【圖表 2–3】玉山銀行的航空哩程兌換說明

航空公司	說明
中華航空	每 5,000 點紅利可換 1,250 哩中華航空哩程
長榮航空	每 5,000 點紅利可換 1,500 哩長榮航空哩程
亞洲萬里通	每 5,000 點紅利點數可兌換 2,000「亞洲萬里通」里數

　　註 1：活動期間：2019 年 11 月 1 日至 2020 年 6 月 30 日。

註 2：兌換須以 5,000 點紅利為單位。

玉山銀行的紅利點數是以「5000 點」為單位，來兌換航空公司哩程數。你可以利用玉山 Only 卡的紅利點數倍增系統，刷越多，就能累積更多的紅利點數，進而兌換哩程跟機票，放大自己的刷卡回饋率。重點是，玉山 Only 卡不須繳年費。

紅利點數倍增搭配哩程兌換機票，絕對是可讓小資族賺到超划算回饋的獨門心法，這招請務必學起來。

推薦順序：哩程點數＞現金回饋＞紅利點數

範例 1 的北富銀富利生活卡，拿來刷指定通路滿 9 萬元，可兌換亞洲萬里通 5,000 里數；範例 2 的玉山 Only 卡紅利 13 倍兌換哩程妙招，這都需要特別花心思才能圓滿拿到哩程，不適合一般無腦使用。

總之，**紅利點數不適合一般人使用，因為回饋率太低，又有過期的風險**，非精打細算的人，往往點數被銀行收走了還渾然不覺。

如果你平常刷卡金額不大，建議你可以整理全家的刷卡支出後，統一集中在一張卡消費，就能拿到最大的回饋。舉例：小寶全家人每個月的信用卡帳單約 1 萬元，一年約 12 萬元，使用永豐大戶現金回饋卡（國內消費現金回饋 2％）支付生活開支，一年可省下 12 萬× 2％＝ 2,400 元。

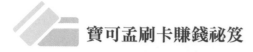

【圖表 2-4】小資族的信用卡回饋方式關鍵思考

問題	寶可孟提醒
1. 喜歡現金回饋還是紅利回饋？	我推薦小資族刷信用卡時，選擇現金回饋，因為比較無腦，刷卡金通常可直接折抵當期或次期帳單，不會有過期的問題；選擇紅利回饋則要注意，是否會有點數過期的問題
2. 能否集中在一張卡消費？	如果可以把全家人的消費累積在同一張卡，集中消費後，就會拿到比較多回饋
3. 水電瓦斯停車費帳單，是否都有使用信用卡代繳？	水電瓦斯停車費帳單，搭配行動支付，都可以再多省一點

2

行動支付當道！
是否會消滅信用卡？

　　這幾年行動支付成長快速，有越來越多的廠商加入戰局，對消費者來說一則以喜，一則以憂。令人開心的是「有競爭才有油水」；令人擔憂的是廠商太多，一直把個人資料交出去，真的沒問題嗎？而且依照目前全世界的行動支付發展，信用卡在未來真的會被消滅嗎？

信用卡的始祖——美國大來卡

　　大家知道信用卡是怎麼來的嗎？這個故事要從頭說起。在 1950年代，美國紐約市曼哈頓金融大亨法蘭克・麥克納馬拉（Frank McNamara）有一次在高級餐廳宴請客人，等到要結帳時才驚覺現金不夠，這下臉可丟大了，只好請妻子趕快送錢過來。

　　由於此次的經驗太丟人，讓他心想，不如創立自己的專屬俱樂部，免去上館子要攜帶大額現金的麻煩之處。因此，他創建了食客俱樂部（Diners' Club，這也是大來卡公司的原型），並發行大來卡（Diners Card）。

　　一開始僅有 27 間餐廳與該俱樂部合作：只要客人持大來卡消費，就由大來卡公司代墊，並且跟餐廳酌收一點點手續費，而大來

卡公司每個月再跟俱樂部成員收取費用。這不就是現在信用卡的原型嗎？

因此我們知道，信用交易走的是「先消費，後支付」的管道，不論是信用卡還是後來新的支付工具問世，都是一樣的脈絡。也就是說，將來的支付工具不見得是信用卡，但一定是延伸同樣的理念，簽帳金融卡也是一樣的概念——你可以先刷卡消費，等到商家請款時再從你的帳戶扣款，但你的信用額度就是帳戶裡的總金額。

然而，簽帳金融卡問世這麼多年，也沒有看到信用卡被消滅，所以「支付工具」會被轉化，但其精神永遠不變。

行動支付的最大發展障礙：缺乏隱私

中國的支付寶、微信支付非常盛行，只要你去過一趟中國就知道，要在路上捐錢給乞丐，甚至只要掃碼就行！數位化的普及程度真的是令人咋舌。因為中國常出現假鈔，而且鈔票經常破損，商家特別不喜歡收現金，因此支付寶一推出，便立即受到廣大歡迎——消費者可以從中取得額外的紅利回饋，而商家也可以免去假鈔與鈔面缺角、汙損的處理成本，所以大為風行。

反觀臺灣，行動支付、手機錢包的普及率遠不及中國，原因是臺灣的假鈔問題少、治安佳，而且老一輩的人觀念保守，覺得網路上的東西看不到也摸不到，讓人頓失安全感，因此大家都不願意在手機上綁定信用卡，更別說開立數位帳戶了。

而且臺灣的便利超商與 ATM 密度，幾乎是全世界最高的國家，現金取得的方便性也大大影響行動支付的普及性。皮包裡沒現

金了？轉角就一家超商，走進去就能提錢。

日本的行動支付不普及，有很大的原因是對體制不信任。日本人非常注重隱私，所以對於把個人資料毫無保留的交給企業很有戒心，因此最青睞的支付方式還是「現金」，因為金流不會被追蹤，可以保留最大程度的隱私。

日本企業對個人資料輕忽的態度，也讓日本人加深對企業的不信任感。日本 7-ELEVEn 曾在 2019 年 7 月 1 日推出專屬的行動支付「7pay」，但由於它的會員機制沒有加入手機簡訊等二次驗證機制，有心人士只要有你的帳號密碼，就可以輕鬆更動你的個資。後來甚至有來自中國的詐騙集團先盜用 7-ELEVEn 的會員個資，再讓車手使用假冒的帳號，到便利超商購買高價商品變賣，僅 4 天就盜用消費者近 4 千萬日圓，受害者超過 800 人。

此事件讓日本社會對「行動支付」的不信任感上升到高點，迫使 7&I 控股（按：日本的零售、流通事業控股公司，旗下擁有 7-ELEVEn、SOGO 等公司）在 8 月 1 日召開記者會，直接宣布 7pay 將在 9 月底終止服務。官方的說法是在短期內，無法有效改善 7pay 的系統安全問題，儘管有要求所有會員重新設置密碼，但仍然無法完全克服安全問題。

將來 7pay 會不會再重新上線？企業需要思量周全，並且克服安全性的問題後，才能重拾消費者的信心。

讓你享受花錢的痛快，忘了沒錢的痛苦

用了信用卡，會不會讓你亂花錢？答案是──**有可能**。

荀子說：「君子役物，小人役於物（按：君子善用外物，而小人會被外物奴役）。」莊子也說：「物物而不物於物（按：駕馭外物而不被外物奴役）。」天下萬物是拿來用的，信用卡跟行動支付也是。如果你很清楚使用信用卡時，它單純是一種免帶現金的支付工具，那你的確不會「役於物」；若行動支付讓你的消費情境更加快速、無感，甚至感覺不到錢從手邊流出去的痛苦感覺，這種行為模式的確有可能讓你不小心多花錢。

快速的支付體驗，讓你花錢沒感覺，不知不覺間多手滑了幾次──我想，這一定是大家剛拿到第一張信用卡、第一次使用行動支付時的感覺吧？刷卡時，腦內的多巴胺分泌讓我們感到快樂，卻沒有花錢的心痛感。為什麼？

人類使用貨幣的歷史可以回溯到三千多年前，經過漫長的歷史演化，人類的基因庫裡已經具備面對花錢的正確反應；而信用卡也不過才問世六十幾年，我們的基因庫裡尚未建立起應對的機制，所以你用信用卡支付的當下，一點都不會有「痛心」的感覺，更遑論問世 10 年不到的「行動支付」。我們對這種新型態的支付模式，仍需要時間去適應、習慣。

那該怎麼辦？我建議大家在消費時，不要因為花俏的行銷活動沖昏了頭。遇到重大節慶，廠商就狂祭 10%、20%回饋大灑幣，為的就是讓你不小心又多花了一些錢；廣告商設計的文宣圖像、折扣數字、接觸平臺，目的都是讓你不停的買買買、刷刷刷。建議你

還是要回到初衷：你是利用折扣在為自己省錢，而不是為了賺到 20％、30％的折扣而努力的花錢，不然就像荀子所說，因信用卡跟行動支付「役於物」。

　　目前臺灣行動支付的龍頭不外乎：LINE Pay、街口支付、Pi 拍錢包跟台灣 Pay。這些業者無所不用其極的發行聯名信用卡、推出綁定銀行帳戶支付、發展自己的點數系統等，目的是在這塊戰場上圈出自己的領地。

　　在支付業者打大混仗的當下，消費者自然有好康可以撿。例如，指定時間內使用指定行動支付，可以享有 25％不等的折扣，這都是很不錯的好康，平常使用該通路消費的朋友，就很適合順便解任務；但你若是因為高額的回饋率而特別使用該通路消費，那很明顯是被廣告洗腦，做了不必要的消費。

　　有回饋自然是好事，但守住荷包也是很重要的事，**不能只是為了回饋跟點數而亂刷亂買。**

▲ 臺灣目前的知名行動支付平臺（由左至右為街口支付、Pi 拍錢包、台灣 Pay），圖片來源為官方臉書粉絲專頁。

3

分期付款功能像溫水煮青蛙，請小心使用

常有人在粉絲專頁裡私訊問我，信用卡的分期付款功能與使用上的疑問。如果你對「分期付款」有使用上的疑慮，以下這篇文章應該能解答你的困惑。

分期真的好嗎？有無利息是關鍵

分期付款真的好嗎？這個問題的答案是不一定。分期有兩種，一種是有利息，另一種為零利率。如果你擅長理財，也確信自己花的錢都在刀口上，那麼「分期零利率」對你來說，真的是百利而無一害。但我相信這種人，畢竟是少數；大多數的人，都是在買東西時，經由店員或網站提醒可以分期，看到每個月付款金額不大，不僅可以減輕負擔，又有滿萬送千、滿千送百等優惠，怎麼想都覺得划算，索性就直接選擇分期付款。

如果選擇分 12 或 24 期，固然每一期的金額都不大，但期期出帳，久了會讓人覺得心情五味雜陳：「怎麼又是一堆未繳完的分期在帳上？感覺永遠還不完。」除了自我感覺良好想要分期之外，現在廠商也都直接「內建」分期才能享有優惠。像電商平臺的銀行優惠專區，幾乎每一家銀行的優惠，都是要求「分期滿 3、6 或 12

期」才能拿到 10％的回饋等，如果你想要拿優惠，就得乖乖分期。

另一種分期是有利息的。當你刷了一筆大金額後，致電銀行客服要求分期，此時銀行會先審核，待通過後，會從次期帳單中收取些許手續費跟利息，這也是銀行的收入來源之一。由於這種分期方式必須多支付費用，所以我不推薦使用，**選擇銀行推出的「分期零利率」活動或信用卡優惠就好**。

分期是銀行的留客策略，防止你剪卡

大家有沒有想過，為什麼通路業者或銀行，非得要求「分期」不可？這也算一種「留客」策略。如果你刷卡分了好幾十期，代表期期都有金額出帳，每期都要繳錢，如此一來，這張卡就是銀行的有效卡，**一來防止呆卡，二來是防止剪卡**（你可能會考慮到，如果一剪卡，可能通路優惠會被扣回去，或剩下未繳完的分期，會在下一期全部出帳，造成不小的負擔）。對銀行來說，只要帳款收得回來，其實推出分期活動，有「一兼二顧，摸蜊仔兼洗褲」的好處。

網購業者也樂於經常和銀行合作，推出分期限定的優惠，因為他們想讓消費者像溫水裡的青蛙，一次付一點點錢時感覺負擔不大，且認為每個月都買高額的東西再分期，好像也不會怎麼樣。等到每個月的期付金額已達月薪上限，幾乎快繳不出來時候，你才會覺得大事不妙。

卡片分期並非零成本，當心銀行雨天收傘

信用卡分期的功能好不好？得看你怎麼運用它。用對了，就可以把**本金先放數位帳戶賺活儲高利**。

舉一反三，你在買保險時，可以選擇月繳或年繳，仔細算一下會發現年繳一筆比較省，月繳要多付不少利息給保險公司，因此建議你**挑選信用卡有「無息分 12 期」功能的卡片用來支付年繳保費**（例如永豐保倍卡、兆豐 Mega One 卡），由信用卡端提供分期的小額償付選擇，你藉此月付年繳金額，這是聰明消費的標準範例。

若你常使用分期消費，一開始雖然嘗到輕鬆付款的甜頭，但長期下來，到最後可能連最低應繳金額都繳不出來，此時就是銀行「雨天收傘」，準備賺錢的時刻，消費者千萬要小心。

我們把錢存在銀行，銀行得支付我們利息。同樣的，在分期付款這一塊，銀行幫我們先墊付一筆款項給廠商，接著再分好幾期，跟我們拿本金，而銀行失去的，則是「運用這筆錢，來賺更多錢的機會」。

所以分期對銀行來說並非沒有成本，故分期這種行銷手法，賭的就是消費者動用循環利息的可能性。

我覺得只要是人，都有衝動消費的時刻，例如，打開帳單後內心大嘆：「哇！這個月卡費怎麼那麼多？錢都花去哪了？天啊！繳完卡費就就準備吃土了。」

追根究柢，我覺得這跟人類多年來的演化有關。近年來發展出來的信用卡跟行動支付等形式，對人的腦袋來說都很陌生。在我們的腦部資料庫裡，並沒有如何對應這項支付工具的相關經驗。

　　所以會造成一個很有趣的現象：我們用現金消費時，能明確感受到金錢離開身邊的痛苦（紙鈔這個概念，已根深柢固的存在我們的基因裡）；而刷卡消費，則比較無感（感覺上刷卡能先享受）。

　　這也是為什麼我們面對刷卡、付現這兩個選擇時，使用刷卡這項工具，會讓我們不自覺的多花了一點點。時日漸久，這項工具，很有可能是我們在累積財富上的一個嚴重漏洞。而「分期零利率」更像催化劑，讓原本不怎麼有吸引力的產品，在消費者眼中都像情人眼裡出西施，怎麼看都是優點，就差沒把整個專櫃都抬回家。

　　更甚者，有人為了百貨週年慶湊滿額，出手亂買一些自己不需要的商品，往往只是因為「滿額禮」、「分期禮」的誘導下，情不自禁的手滑刷下去。也因此，國外有一種說法——「把信用卡放在水杯中，冰到冷凍庫裡」。等你需要刷卡時，還得把卡片從冷凍庫中拿出來，等它退冰才能用……**指的就是「等待」的時間，很可能讓你想買東西的欲望退燒。**

　　科技的便利，往往讓你的「衝動消費」沒有緩衝時間，一不小心就刷下去。至於克制的法則，就是**冷靜一下，想一想，為何要買這東西？我真的需要嗎？**還是只是為了得到贈品、滿額禮而買？促刷的簡訊、活動，都是銀行為了讓我們消費更多、買更多而設計的行銷內容，自然針對人性的弱點，做了不少的研究。

　　人類是一種從錯誤經驗中學習的動物，所以我的建議就是，吃一次虧，終生難忘。例如，遲繳一次卡費，被多收 300 元後，自己內心就會有一道律令：我永遠都不要被銀行賺這 300 元，接著辦理自動轉帳，就能大大降低違約的機率。

寶可孟推薦的好用零利率分期神卡

在社會上生活與人互動，一定需要信用，而信用卡，就是累積個人信用資歷的最簡單工具。拿到第一張卡後，接下來按時還款、建立自己的良好信用，將來申請房貸、車貸時，就能無往不利。以下就是我最推薦的零利率分期神卡：

1. 華南 Combo Life 卡──滿 3 萬元分 12 期＋紅利 2 倍

這張卡共有 2 個卡面選擇（有 2 個發卡組織）。如果你想辦 2 張，只要有 2 個不同的華南帳戶，分別綁定 2 張信用卡，就可以辦下來。分期期數總共有 3、6、12 期（無息）這幾種選擇。只要單筆滿 3,000 元，系統就會自動分期。

這張信用卡的亮點為單筆滿 3 萬元又分 12 期者，可享有紅利 2 倍，加碼的紅利回饋，很適合拿來兌換 ANA 哩程，不無小補。要注意的是，在遞交申請書的當下，就要勾選好想要的期數。如果事後要修正，每改一次就得支付 100 元作業費。

▲ 上為華南 Combo Life 萬事達卡，下為 VISA 卡。

只要是大額消費，我都使用這張卡來分期，一來分期償還的同時，因為本金先放數位帳戶，還可以賺到活儲的利息；二來還可以拿到紅利加碼。算是很不錯的卡片。

2. 上海小小兵信用卡──分 12 期＋現金回饋 0.6%

上海銀行在 2019 年 6 月推出「小小兵信用卡」，而其中的 BeeDo 分期卡，可以在核卡後自行在網路銀行，設定最低 1,000 元

◀上海小小兵信用卡，
左為 BELLO 回饋卡，
右為 BeeDo 分期卡，
皆為 3D 版。

▲ 上海小小兵信用卡，左為 BeeDo 分期卡，右為 BELLO 回饋卡，皆為 2D 版。

即可啟動分期功能，期數有 3、6、9、12 期，算是門檻非常低的分期卡，但有每期現金回饋上限 3,234 元。

3. 元大分享卡——滿 1,000 元自動分 4 期

元大分享卡（原為大眾分享卡），享有指定通路（如各大百貨、海外消費等）8 期零利率，或者是一般通路刷卡滿額（最低 1,000 元），皆可享有 4 期零利率。這張卡，也是我早期的愛用卡。幾年前我尚未踏入哩程坑前，有時 1,000 元左右的消費，我也會用這張卡來支付，來享有簡單的 4 期零利率。

雖然刷這張卡沒有任何的現金或紅利回饋，但銀行也有針對這張卡推出簡單的小活動：繳交年費 500 元，期期刷滿 100 元，次期回饋 50 元。也就是一年下來，可以多拿 100 元的回饋金，適合拿來加油賺回饋金。嫌麻煩的朋友，也可以直接儲值在家樂福錢包 App 或禮物卡上。

◀ 刷元大分享卡，享有指定通路 8 期零利率。

提醒你，享受了分期好處就享受不了紅利回饋

市面上所有的信用卡，都可以參與銀行跟廠商的分期活動。不過，**要小心某些銀行很明確的「排除」了分期交易的回饋**。例如中信銀、花旗、澳盛（現在為星展銀行），分期後都不給予紅利，所以在刷卡消費時，別忘了睜大雙眼比較一下。

或得衡量一下，滿額禮或分期禮給的優惠，跟信用卡本身給予的紅利，何者比較優？如果是我的話，我會選擇兩者兼拿。身為哩程族的我，若要參與購物網站的活動或百貨週年慶，就不一定會把中信 ANA 極緻卡拿出來用，反而會把華南 Combo Life 卡搬出來，畢竟選擇分期，華南還是有給紅利。

但我仍要提醒你「分期零利率」的恐怖威力。舉例來說，我在 2017 年之前，台新卡的額度只有 25 萬元，而這 25 萬元的額度，剛好都被我用光了，用來協助媽媽買一輛代步機車，加上一些鎖碎的花費。

為什麼可以在幾個月內就把 25 萬元的額度用光？台新那時推出了很不得了的分期活動：新卡核下來的 90 天內，可以任選「金額」、「期數」，都是零利率。那時我挑了最低 1,000 元、最高 24 期零利率，所以我的額度就一點一滴的被占用光。

試想，若是月薪才兩萬多元的社會新鮮人，要是有 24 萬元的額度且剛好都用光光，那他連續 24 個月，每個月要償付 1 萬元的卡費，薪水近一半都被吃掉。

以這個例子來看，就不難理解為什麼銀行只願意給信用紀錄空白的人僅有 2 萬元的額度。除非家裡超有錢，不然社會新鮮人剛辦

卡，應該也拿不出什麼有力的證明，所以銀行自然也不會核出 30 萬元的額度。

善用「分期零利率」，的確可以讓你用比較輕鬆的方式，得到你要的東西。但務必確認自己可以完整償付刷卡分期的金額，不然未繳足最低應繳金額，銀行的催債電話就在後面磨刀霍霍等著你。

分期的關鍵思考

- 你真的需要「分期零利率」嗎？還是「一次付清」即可？
- 「分期零利率」通常與「現金紅利」不可兼得。
- 當信用卡帳單上的分期金額超過月薪的1／3，請特別注意！不應繼續刷卡消費，以免最後繳不出卡費。

4

進超商、麥當勞都刷卡，
最高 8% 現金回饋

　　目前許多超商跟速食店等小額店家，也可以用信用卡付費，但銀行不會給這筆消費任何回饋，因為這些店家屬於 NCCC 結算通路，有別於消費者用信用卡刷卡，一般店家必須支付銀行較高的手續費。故銀行收不太到手續費的情況下，就不會給予回饋，羊毛出在羊身上，可以理解。

什麼是 NCCC 小額支付通路？

　　NCCC 是聯合信用卡處理中心的簡稱。為了提供快速結帳的刷卡服務，所以 NCCC 針對消費單價低、交易量大的特約商店（如便利超商、雜貨店、中式或西式速食、停車場、手作飲料、早餐店、地方小吃、麵包店、糕餅店、菜市場、假日市集、夜市等行業）提供「小額支付」功能。

　　既然店家不想支付刷卡交易手續費、持卡人也不想支付交易手續費，那要由誰來支付？此時 NCCC 這個平臺就出現了，你也可以說這個通路是因應削價競爭下的產品。所以銀行跟 NCCC 小額支付通路合作後，刷卡可得的手續費收入不高，自然回饋條款裡均會排除這個通路，因為銀行自己也賺不到錢。

另一個值得一提的特色是：只要是低於 1,000 元內的消費，直接免簽。雖然現在很多信用卡，在 3,000 元之內的感應交易也是直接免簽。店家也不會提供簽單，而是把授權資料與發票合併成一張，所以你拿到的發票或收據上，就會有刷卡的資料，不會再另外提供一張信用卡簽單，像我在 7-ELEVEn 的刷卡資料，就都整合成一張。

NCCC 小額支付的官方網站上，有羅列參加該平臺之小額支付通路，大家在相關的店家消費時，就得小心，以免你刷了很多錢，最後卻沒有回饋。那麼你該如何應對？以下是關於小額通路的聰明刷卡重點：

▲ 看看有哪些通路參加了 NCCC 平臺。

1. 吃麥當勞，就用滙豐信用卡

滙豐的信用卡，如現金回饋卡、卓越理財信用卡，在麥當勞等 NCCC 的小額通路刷卡，還是享有原始的刷卡回饋，非常特別。如果你本身持有滙豐的信用卡，請記住以下原則：想藉由麥當勞賺現金回饋或哩程，就把滙豐卡拿出來用，怎麼刷，都有回饋。

2. 大部分信用卡在超商刷卡無回饋——請搭配特殊活動

大部分的信用卡在各大超商刷卡都沒有回饋，此時請**搭配每一季不同的信用卡活動**，常有滿 500 元回饋 50 元的活動，或特別針對代收代繳享回饋的活動，但大部分的季節性活動，都排除一般代

收代繳。畢竟這種左手收右手出的金流都沒什麼賺頭，銀行怎麼可能再給消費者回饋？把握以上原則，就能搭配自己的消費特性省下更多錢。

3. 玉山 U Bear 信用卡超商刷卡 8% 回饋：

　　各家銀行都排除超商刷卡給回饋，但玉山銀行在 2019 年 7 月推出一張讓大家跌破眼鏡的信用卡——玉山 U Bear 卡，主打在玉山 Wallet App 上綁定自家的 U Bear 卡消費，就能拿到 8% 回饋，令市場大吃一驚。雖然每個月上限才 200 元，換算下來你每個月最多可在超商刷 2,500 元，其實也算滿夠用的。

　　如此驚人的回饋率，不也代表銀行的流血回饋戰，已經延燒到「超商刷卡」這一塊了？到底有沒有其他銀行想要跟風推出更高的回饋？我們可以拭目以待。

▶ 用玉山 U Bear 卡在超商刷卡，可賺到 8% 現金回饋。

5 刷信用卡繳保費，有錢人這樣入手頂級卡

臺灣人愛買保險，尤其有錢人超愛買儲蓄險，還可透過信用卡繳保費賺回饋。

近年許多信用卡均開放刷卡繳保費有回饋，但並不是每一張信用卡刷保費皆有回饋，在下手前，還是得致電客服詢問清楚。

• **靠儲蓄險衝高刷卡額，取得頂級卡入手資格**：只要銀行有推刷卡滿額贈，或半年內滿額取得頂級卡資格，就很適合拿保費來刷。舉個簡單的例子，2017 年 LINE Pay 卡全新上市時，特別放出風聲說，只要在第 1 季結束前刷滿 20 萬元，就會收到邀請加辦 LINE Pay 鼎極卡的尊榮資格，因此讓不少人為之瘋狂。

但問題來了，平常沒有大額刷卡支出的人，要怎麼樣才能衝到 20 萬元？很簡單，刷儲蓄險保費，把錢鎖在保費裡，等到 3 至 6 年的閉鎖期一過，你的本金加利息就可全數領回。尤其是 LINE Pay 卡首年剛上市有最高 3%點數回饋時（2018 年剩 2%，2019 年剩 1%），好多人都用來瘋狂刷保費，就是為了 3%回饋。

• **靠刷卡買保險，維持頂級卡的刷卡門檻**：還有一招，就是靠保費衝年度刷卡額。舉例來說，台北富邦尊御世界卡一年須刷 36 萬元才符合次年免年費的資格，換算下來一個月要刷 3 萬元，這幾

乎是小資上班族 1 個月的薪水。如果你的卡片眾多，許多卡片瓜分你的刷卡額，即使想要取得最高回饋，也不見得能年年刷滿 36 萬元來維持這張卡。

此時就可以把你的「保費」端出來，利用信用卡買保險，一樣是 3 至 6 年後，本金加利息皆領回，你卻賺到了信用卡的附加權益（市區停車、機場接送等）的使用權，能替你省下不少錢。

目前市場上是否有分 12 期零利率加現金回饋的卡片？單純就刷卡回饋來說，我覺得你保哪一家保險公司的保單，就優先查詢推出聯名卡的銀行，是否有比較優惠的扣繳、分期期數。如果都不符合自己的需求，就可以再另外尋求刷卡交易有分期加回饋的卡片。

永豐保倍卡最高 12 期零利率加 1.2% 現金回饋。這張卡片本來是跟三商美邦人壽聯名的卡片，但和三商美邦人壽合約到期後，銀行便改發行這張「保倍卡」，用它來繳保險，可以雙拿「分期」跟「現金回饋」的好康，真的滿大方的。但提醒你在刷卡前夕，還是得查詢一下信用卡網站，確保優惠權益是最新的。

刷保費累積哩程，可行嗎？

大部分的哩程卡，皆沒有排除保費，例如中信 ANA 聯名卡、台新國泰航空聯名卡、星展飛行世界卡等，皆有計入，所以若想靠保費衝高哩程累積，也可以考慮使用哩程卡來扣繳保費（見下頁圖表 2-5）。

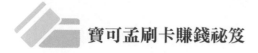

【圖表 2-5】各哩程信用卡比較

有無排除保費	卡別		國內消費 兌換每哩比率	首年年費	分期有無回饋
無	中信 ANA 聯名卡		白金卡／御璽卡： 40 元 晶緻卡／商務御璽 卡：30 元 極緻卡／無限卡： 20 元	白金卡／御璽卡：無 晶緻卡／商務御璽卡： 2,000 元 極緻卡／無限卡： 6,600 元	無
	中信大中華 攜手飛		御璽卡：30 元 商務御璽卡：23 元 無限卡：22 元	御璽卡：無 商務御璽卡：1,800 元 無限卡：6,600 元	無
	花旗寰旅世界卡		20 元	2,400 元	無
	台新國泰航空 聯名卡		鈦金卡：30 元 翱翔鈦金卡：25 元 世界卡：22 元	鈦金卡：無 翱翔鈦金卡：2,400 元 世界卡：2 萬元	有
	星展飛行卡		鈦金卡：30 元 世界卡：18 元	鈦金卡：無 世界卡：3,600 元	無
	玉山 Only 卡		紅利 1 至 8 倍 以亞洲萬里通為 例，每里數成本為 62.5 至 7.8 元	無	有
有	國泰世華信用卡	長榮航空聯名卡	御璽卡：30 元 極致御璽卡：30 元 無限卡：22 元 極致無限卡：20 元	御璽卡：無 極致御璽卡：800 元 無限卡：2,400 元 極致無限卡：2 萬元	有
		亞洲萬里通聯名卡	里享卡：30 元 白金卡：30 元 鈦商卡：25 元 世界卡：22 元	里享卡：無 白金卡：588 元 鈦商卡：1,800 元 世界卡：8,000 元	有

　　唯一例外的是國泰世華的信用卡，長榮哩程卡跟亞洲萬里通聯名卡皆排除保費，所以在刷卡前還是要再查詢一次官方網站，以免刷了拿不到回饋，那可是欲哭無淚。

　　我也提醒你特別注意，**有一些銀行分期交易皆不計入紅利、哩程回饋**，所以在刷保費時請不要自做聰明做「保費分期」，這樣子可是一點回饋都沒有，例如花旗、中國信託、新光銀行、遠東商銀、星展、滙豐，都是只要一分期就沒有卡片的原始回饋，請特別當心。

6

銀行總獨厚新戶？
每個人都有 35 個第一次

接觸信用卡越久，你會發現，怎麼銀行的優惠都給了新戶？那舊戶都去旁邊玩沙不就好了？氣死人。銀行這樣操作的理由是？

我使用信用卡的資歷快 10 年。我發現銀行獨厚新戶的原因是商業策略。大家可以回想一下，你在申辦手機或行動電話資費時，是不是也遇過似曾相似的感覺？

電信三雄對老客戶也是不聞不問，對新客戶反而熱情似火，讓舊戶看得心裡不是滋味；各家銀行打的如意算盤也是如此，**吸收一個全新客戶，等於競爭對手少了一個客戶。而銀行要支付的成本僅為 500 元**，不論是行李箱或刷卡金，大都是這個門檻。

如果要衝高新辦卡數量，例如達到首年 10 萬張的發卡量，銀行所要支出的成本就會來到 10 萬張× 500 元＝ 5,000 萬元的行銷預算。

假如他沒有限定「新戶」的資格，讓銀行本身的既有客戶也可以參與的話，5,000 萬元的行銷成本會有很大一部分的資源是「浪費」掉的。站在銀行立場來說，是希望讓更多人持有自家信用卡，並且多多消費，才能賺取更多手續費、帶來可能的循環利息。如果都是同一批人在拿這些好康，吸引到的就只是精打細算的族群，那麼銀行虧錢的機率就變高了。

另一方面，「中信卡」過去稱霸臺灣信用卡數十載的這段時間，不只卡片權益爛，甚至連舊戶辦新卡，也一點優惠都沒有。這樣的情形，直到 2016 年前國泰世華搶下 COSTCO 聯名卡後，才逐漸轉變。直到現在，中信仍然搶不回老大哥的寶座，故在發行新卡時，也開始關注到既有卡友這一塊，許多卡片連舊戶辦卡，也有新卡禮。這就是在良性競爭之下，消費者得到好處的經典範例。

哪些銀行對舊戶最友善？

有哪些銀行對舊戶友善？我首推玉山銀行。為什麼？玉山銀行的行銷模式，呈現有點矛盾但又展現一點企圖心的奇怪樣貌。會有這樣子的感受，完全是出自於我跟玉山銀行交手的經驗。

2016 年左右，玉山銀行推出女性專屬的幸運 PLUS 鈦金卡，並且推出「舊戶拉新戶」活動提升辦卡量。這個活動設計得很大方，只要新戶在申請書填上推薦人的身分證資料，新戶跟推薦人都可以各得 200 元刷卡金。這檔活動已經有 MGM 的先期雛形，在當年來說算是非常不錯的回饋水準。

當時我的部落格還沒有什麼名氣，所以我只是寫好相關文章放在網路上，並且邀請想賺這 200 元的網友，私信向我索取推薦人的資料（我請我姊姊申請）。沒想到活動結算下來，竟然也推廣了二十多名客戶，我姊姊的帳上得到近 4,000 元的刷卡金，她簡直樂不可支。從那時候起，我才真正領略到「揪團」的威力。

無獨有偶，玉山在 2017 年起推出 icash 聯名卡的揪團活動，不論新舊戶，只要首次申辦 icash 聯名卡，在申請書填推薦者的

身分證資料，就可以得到 OPEN POINT 點數 6 萬點，約等於 200 元，也很吸引人；後來有幾檔期改為致贈推廣人 2 杯星巴克大杯拿鐵，老實說就沒有那麼好推廣。現在 icash 聯名卡已無推薦活動，因為其產品定位與 U Bear 卡太相似，是故銀行決定取消此卡大部分權益，資源集中在 U Bear 卡。

玉山對舊戶是相對友善的，很多卡片不限新戶，舊戶一樣有好康可以拿。

剪卡後再當新戶 A 好康？當心銀行拒往

剪卡半年後當新戶，再 A 好康可行嗎？這個想法非常的單純且直白。但我不建議你這麼做。因為該家銀行裡面都有你的辦卡紀錄，包含你何時停卡、停卡原因都會存在資料庫裡。你辦了又剪、剪了又辦，這個是銀行查詢聯徵跟內部資料，就一翻兩瞪眼的事實。難道銀行會看不出來，你只是為了想 A 新戶禮而重辦的嗎？銀行比你想像中的還要精明。

如果我是徵審人員，絕對二話不說就丟拒核名單。為了自己長遠的利益來看，我覺得不要太頻繁的做這件事比較好。例如，你辦了某家銀行的卡片，用了覺得不好，把它剪掉；再過 2 年，這家銀行忽然推出一張超神的卡片，你覺得有必要辦下來使用，那麼再申請它，我覺得都是合情合理的範圍。如果辦卡後只過 3 個月，拿到首刷禮後立刻剪卡，再過半年馬上重新辦卡，任誰看了都會起疑。

最後，銀行推出任何一張卡都有它的目的性跟功能性。你會辦這張卡代表你對它的優惠有興趣才會辦，除非你是幫親友做業績。

既然辦了，就好好的用它，一方面可以累積跟銀行信用往來的資歷，二來用卡片省點小錢也是很不錯的省錢撇步。網路上常有人說，辦花旗卡後就不要剪，不然……「得罪了方丈還想走，沒這麼容易。」套用在所有的銀行往來，也都適用。

銀行開門做生意，重點還是在賺錢。所以不要怪罪銀行只給新戶特殊好康，當你坐上行銷人員的位置後，也會面臨到一樣的問題：如何提高卡片的辦卡量？怎麼提升活卡率？行銷預算真的用對地方了嗎？

當然這些問題都跟消費者無關，但了解銀行背後的「推卡動機」，你就不會對銀行的行銷活動這麼忿忿不平。至少，你也曾經當過「一次」新戶、拿過一次好康。

全臺灣有 35 家銀行，每家銀行你都有一次的機會當上新卡友，當然要把握成為銀行客戶的第一次，趁這個機會把新戶的好康拿好拿滿。

是否該「辦卡又剪卡」重複循環的關鍵思考

- 是否經常拿卡出來用？
- 是否是因為幫親朋好友做業績而辦卡？
- 當信用卡權益變差後，是否想藉由剪卡表達意見？

我建議以上3點想清楚後，再致電銀行客服剪卡。

7

敝帚自珍效應，
讓你刷了就很難剪卡

　　為何銀行發卡幾乎首年免年費？銀行的發卡成本在哪？信用卡業者的行銷策略到底是什麼，是否有什麼隱藏的陷阱？就讓我一一分析。

　　「敝帚自珍」效應是行為經濟學中的一個專有名詞（或稱為「稟賦效應」），指的是當一個人擁有某項物品或資產時，他對該物品或資產的價值評估，大於沒有擁有這項物品或資產的時候。

　　在《金錢心理學》這本書中，作者舉了兩個生動的例子解釋這個名詞。第一個例子是有一對夫妻想賣房子，但房子裡充滿了他們與小孩的成長回憶，萬般不捨，於是開出高於市價的行情來賣；前來詢價的潛在買家看到的卻是生銹的熱水爐、不穩固的樓梯、許多需要花錢修繕的地方，因此開價遠低於這一對夫妻的價格。這對夫妻不解：「為什麼沒有人看到這房子的珍貴價值？居然開了這麼低的價格來糟蹋我們。」

　　第二個例子，是科學家以隨機方式贈與受測者一個馬克杯，再詢問他們願意以多少金額售出這個馬克杯？被贈與馬克杯的人，所出價格竟是沒有抽中馬克杯的人的兩倍，而且他們只是被口頭告知而已，根本就還沒有拿到產品，但在受測者心理上就已經認定這是他們的東西，然後開出高於其他人的訂價，非常不可思議。

以上的案例，就清楚的定義了「我的東西」的價值，就是比別人的高，也就是通稱的敝帚自珍效應。通常只要到手的東西，我們就會下意識的覺得這是我獨有的，只要別人想從我們手上拿走，或脫手賣出，就會產生不舒服的「撕心裂肺感」，為了平衡這種內在的衝突，你會開出高於市場行情的價格，以舒緩自己的不適感。

我的身邊也出現類似的例子：我的外甥女剛滿 4 歲，正處於大量觀察與學習的成長階段。我只要出國玩，都會準備小禮物送她。幾年前我去福岡玩，在九州由布院買了很可愛的木製模型飛機送她，她歡天喜地的收下這份禮物。

然而隔週我再去找她玩，跟她說：「這個飛機好棒喔！可以給舅舅嗎？」她馬上垮下臉，把飛機從我手上搶走，說：「那是我的！」並且大叫跑開。還未社會化的小朋友，身上就已經有敝帚自珍效應的影子。

再舉一個例子：社會上的情殺案件，層出不窮。我們常在新聞上看到，「某個男生不滿女生提分手，憤而拿刀子去把對方大卸八塊」這種恐怖的社會新聞，在此行為背後，想必也是把對方當成「自己的財產」了吧？當對方求去，便觸發自己內心敏感的神經，敝帚自珍效應的警鈴大響，實在受不了那種「分離」的痛苦，才會採取行動，讓自己好過一點。

如果你有經歷過幾段感情，不論是提分手或被提分手，心裡的煎熬豈是外人所能置喙的？最讓自己痛苦的根源，就是把對方當成自己的擁有物，瘋狂的控制對方，自己也不知不覺的成為恐怖情人，邁向毀滅的邊緣。

路邊試吃、化妝品試用、卡片也能試用

舉一反三，其實那些試吃、試用、經銷商試開車子的貼心服務，或多或少都摻雜了這一道心理學的戰略層面。像我去無印良品（MUJI）買衣服時，不知不覺就受到這種效果影響：我挑了 3 件襯衫去試衣間試穿，穿了又換，換了又穿，結果還是穿在身上最久的那一件最耐看。

我已經在心裡面開始想像：我上節目時要穿這件、我接受媒體採訪時要穿這件等等的情境，感覺上，這件就是「我的」了；另外促成購買決定的另一大誘因，就是店面大大的促銷廣告──「感謝祭！夏日衣物滿 3,000 元贈 300 元抵用券，下回消費全額折抵！」然後看著自己皮夾中的「中信無印良品 MUJI 卡」思考：「滿 100 元回饋 5 元，等於 95 折。」腦內腦外全都是折價、促銷訊息，全世界都在叫我買，腦波弱的人，很容易不小心手滑刷 3,000 元，月薪的 1／10 就不見了。

這就是現代社會中，金錢的運作模式。而且巧妙的利用敝帚自珍效應的影響，商家根本不必多說什麼，消費者就開始自我催眠：「這件衣服，真的很好看！」、「今天搭配滿額折扣，再打 9 折，划算啦！」、「用聯名卡還有 95 折。」我們的大腦會合理化自身的行為，在拿到信用卡帳單之前，完全不會有錢噴出去的疼痛感。你的錢就在逛街時一點一滴的流失……離你的退休計畫越來越遠。

銀行為什麼愛推「首年免年費」信用卡？不只是一般的平民信用卡，連「銀行頂級卡」也這麼做。從來都沒有人深究這個問題──銀行發行信用卡、維持權益都需要成本，為什麼願意平白無故

的讓消費者免費用一年？臺灣銀行業競爭激烈，當然是主要原因。

不過，另一個行銷策略就是考量敝帚自珍效應——卡片先讓你用一年，當你對這張卡有感情，覺得這是「自己的東西」後不想停掉，就會盡量滿足「次年免年費門檻」的條件，以保留這張卡。

當然頂級卡的維持成本就高了不少，有可能是首年刷 36 萬元（如富邦尊御世界卡）、50 萬元（中信 LEXUS 商務世界卡）、60 萬元（台新昇恆昌無限卡），或要放多少錢在銀行裡才能有豁免年費的資格。

以我拿四百多張信用卡的經驗來說，每到年費出帳，我就得打電話跟客服幹旋一回，老實說滿辛苦的。對我來說，我的確是想要保持每一張卡片都是活卡的狀態。我要的，是將來它們派得上用場的可能性；一張不能用的卡，放在皮夾裡，又有何意義？

但我遇到的問題，跟大家一樣：不可能每一張卡都符合免年費標準。銀行的低階卡可以談，但剛性年費或較高階信用卡，就不見得會成功，包括哩程卡的年費，幾乎都不可能減免。奉勸各位，踏入哩程卡的最大缺點，就是你必須集中消費，年費才能回本。

在這個原則下，**持有哩程卡，絕對會排擠你使用其他信用卡的消費金額**，假如你一年的總消費額是 20 萬元，全部使用哩程卡消費，其他信用卡的帳單自然掛零，銀行看你貢獻度不高，又怎麼可能為你網開一面？

廠商其實對這這種操作手法非常嫻熟，例如一開始提供非常低價（甚至是免費）的服務，讓你開始使用，只要你一開始用，就會產生敝帚自珍效應的擁有權感；第 2 年起，開始調漲費用，雖然你可能不太爽，但還是會繼續用。

　　那麼要怎麼做才能避開這個經濟圈套？首先我覺得保持「好奇心」是很重要的，當別人一反常理的給你好康時，你能否大膽、主動的去懷疑「為什麼」？再者，請經常閱讀書籍、累積知識。許多生意人的銷售技倆，一定能被你看破手腳。

　　以後當路上有人發送免費的試用品時，你可能**得多想再決定是否要收下來**。俗話說得好：「免錢的永遠最貴！」網路上填免費問卷，你賣出去的是自己的個資；申請免年費的信用卡，是把自己的個資拱手交給銀行；試用品用多了，受到敝帚自珍效應影響後，下回打算買相關的產品時，看到這個曾經試用過的產品，就自然而然的敗下去。生意人就是這樣子堆你入坑的。

8

信用卡額度該高還是低？
我與銀行的過招眉角

　　許多人經常在私底下問我，該如何調高額度、遇到盜刷時該怎麼辦……諸如此類的問題。信用卡額度到底是要高還是低？主動調降額度會有什麼問題嗎？

　　信用卡屬於無擔保授信，這對銀行來說授信風險高。意思是，沒有擔保品借你錢，倒帳的風險比較高，所以當你跟過去無往來的銀行辦卡，銀行一開始核給你的額度就不會太高。當開始使用該行信用卡，慢慢累積消費、繳款紀錄後，信用額度才有可能往上調。

　　高額度被盜刷，會有風險嗎？答案是：並不會。請翻開你的信用卡定型化契約，上面有這個問題的答案。你的額度不論是 100 萬、50 萬，還是 1 萬元的額度，個人負擔最高金額是 3,000 元。

　　也就是說，你的額度越高，風險承擔的責任就是在銀行，因此對於消費者來說，自然是越高越好，大家千萬不要被網路上似是而非的觀念誤導。所以，**信用卡的「額度高低」跟「盜刷」沒有必然的關係**。

　　而高額度有什麼好處？我覺得高額度讓你在資金運用上更加得心應手。舉例來說，當你要規畫全家人出國旅遊，須統一刷全家人團費，若 1 個人花 2 至 3 萬元，5 個人就是 10 至 15 萬元左右。如果你的卡片額度只有 5 萬元，想必是刷不過的，甚至要請旅行

社拆成 3 張信用卡刷,非常不便。**信用卡最好用的地方就是「方便」,因為額度不足而換好多張卡刷,就失去用卡的意義。**

再舉一例,當你遷新居,有採買大型家電的需求時,去百貨商場挑洗衣機、吸塵器、電視等,零零總總需要刷十幾萬元,等到要刷信用卡時卻發現刷不過,那可就糗大了。而且各大賣場、百貨公司週年慶的大額滿額禮,只要換了家銀行就得重新累計,刷不過真的是虧大了。

最後一例,假設你是公司總務,老是幫公司代刷辦公用品,一般性的事務已經被吃下不少額度,忽然間自己要刷卡買家裡的東西時,卻發現額度爆了,刷都刷不過,這不是得不償失嗎?

所以高額度還是有好處的,建議你平常就跟銀行打好關係,每過半年、一年左右,等薪資有調漲、年收入變高,或收到去年的扣繳憑單後,就直接向銀行申請永久額度調升。

降低額度好簡單,提高卻困難重重

要調降額度,非常簡單,只要打個電話就可以從 50 萬調到 2 萬元;但要從 2 萬元回到 50 萬元,那可謂「離別河邊縮柳條,千山萬水玉人遙」,這條路得重頭走過。回到 50 萬元額度,你得奮戰多少年?

所以請大家好好珍惜手邊卡片的額度,如果有幾張高額度的卡,請千萬保留,卡片權益再爛都得留著。為何?將來新往來銀行要發卡給你,除了看你的財力證明外,**也會看你的持有卡片的平均額度。**如已經有 40 萬、50 萬元額度的信用卡,接下來發的新卡

額度也不會太差；銀行徵審制度，有時會讓你有一種「跟風」的錯覺。保留幾張高額度的卡在身邊，將來辦卡的額度就不會太難看。

　　事實上，**一般正常小資族也可取得高額度**，絕對不是只有高收入的人就能取得高額度。我們不能單純以個人年收來判斷消費力，這其實是錯誤的。

　　我認識的旅行社員工朋友，工作時常需要代付團費或團體保險、國外旅館費用，他的卡費每個月動輒十幾二十萬元，這些拿來灌在哩程信用卡，點數換機票都不知道多少趟了；當然也有一般公司的總務，全公司大小的費用都是他打點的；如果你在家中負責管帳，全家大小的支出，灌在同一個人的卡片上，也是有可能年刷上百萬元，像我家就是這樣。

　　我月薪三萬多元、但透過全家人集中刷卡，經常能刷出上百萬元。過於單向式、直線思考，會讓你錯過許多可能性。事實就是只要每個月付得出卡費，管他是代付或變賣祖產來繳錢？

銀行調升信用卡額度的準則

　　當我們的卡片額度不敷使用時，可以向銀行要求向上調升額度。各大銀行皆有其自家規定，但大抵上不脫以下幾項要點：

　　1. 拿到新卡後，馬上調額度鐵定失敗。卡片請先好好使用半年，這半年內若提出調額需求，銀行有很高的可能性會直接駁回，除非你能提出遠優於你辦卡時的財力證明。因為你能額外提出的財力證明，必定跟申辦卡片時差不多，所以系統上也不會核准；當然

也有可能你是路邊辦卡，隨便簽個名就讓銀行調你的年收入。

2. 銀行會檢視你近年來與其信用往來狀況裁定。如：是否全額繳清（代表你是信用良好的人）、是否年刷得夠多（是否常使用該銀行的卡），這些刷卡紀錄都是影響其核准與否的因素。

3. 銀行會參考他行給你的額度。如果你有其他銀行的高額卡片，在調額時會容易許多，同業參照也是銀行界常使用的手法之一。假如你的他行信用卡額度平均約 10 萬元，忽然申請調高到 50 萬元，銀行也會擔心信用是否擴張太快，因此可能給 15 萬元，往上調 50%，就打發你了。

所以我會建議，**定期調整自己的所有持卡組合之信用額度**，不要有「豬隊友」拉低你的辦卡額度平均值。

我與台新銀行交手的經驗

還記得當初我剛拿到第一張台新卡時，額度只有 5 萬元，現在已經暴漲 10 倍，來到 50 萬元。我的第一張台新卡是台新昇恆昌普卡（其銀色亮面會反光，滿有趣的）。後來這張卡片因為銀行調整發行策略的關係，把普卡收掉，只發行白金、御璽卡；再隔幾年，產品線只剩下御璽、無限卡。

我的第一張台新卡，核卡時間是 2011 年 11 月 27 日。大約使用了 2 年後，我才開始調整額度的冒險：

【圖表 2-6】寶可孟的額度調整紀錄

申請時間	調整額度（元）	百分比
2013 年 12 月 30 日	5 萬→ 10 萬	100%
2014 年 11 月 18 日	10 萬→ 15 萬	50%
2015 年 11 月 26 日	15 萬→ 18 萬	20%
2016 年 6 月 8 日	18 萬→ 25 萬	38%
2017 年 1 月 18 日	25 萬→ 50 萬	100%

　　從上面的表格你可以發現，我跟台新銀行的往來，已經有好幾年。在這幾年間，我也不是每一次調額都額度翻倍，而是一年一調，慢慢往上加。在有了前一年的基礎後，再往上增加 20%、38% 等。額度調整沒有捷徑，端看你這幾年來跟銀行「交手」的狀況而定。在此羅列與台新銀行交手的「眉角」：

　　• 額度使用情形：如果你很常使用台新的卡片，額度常用到 75% 至 90%，不論是單筆大額或分期占額，銀行都會參考。代表的就是，你越常用他們的卡，讓他們有手續費抽，那他就有更大的意願跟你往來。

　　• 參照同業額度：如果台新卡的額度不高（台新卡的額度世界難調，這個舉世皆知），但你持有他行卡的高額信用額度，台新確實會參照同業，一看便知曉。所以如果台新卡一直調額失敗，請先把其他銀行低額度的信用卡「處理」一下。看要剪卡或先調額，都比直接挑戰大魔王好。

• 個人負債比：若你本身的收入與貸款占用的額度總計，超過 DBR22 倍很多（DBR 為 Debt Burden Ratio 之縮寫，即負債比。超過 DBR22 倍，指債務人於金融機構之無擔保債務歸戶後的總餘額〔包括信用卡、現金卡及信用貸款〕，除以平均月收入，超過 22 倍），那銀行可能會評估倒帳風險，太高就會婉拒，或額度只加 3 萬至 5 萬元。

• 是否持有頂級卡：這點也是我一次意外調額成功後，進線客服詢問與討論才發現的小撇步。由於台新的頂級信用卡門檻都不低，像台新昇恆昌無限卡就一定要遵守前一年度需要刷到 60 萬元這一條鐵則，偏離這個數字太多的，都直接不予核卡。銀行做好發卡門檻控管，對已核卡、願意繳年費的客戶，以及銀行來說是個保障。成本控管後，品質不會差太多。建議拿到卡片後，再申請調額。

• 剛調過，就不要再送件，至少半年至一年後再申請：個人經驗談，之前 25 萬元額度不敷使用，在 2016 年 6 至 12 月間又申請了不少次的調額，至少有 2 次，但都是直接收到未核準簡訊。站在銀行的立場，會覺得：「我不是才核給你嗎？為什麼又再來？」所以還是慢慢的跟銀行互動，時時用卡，半年或一年後再申請，就會有好結果。以下是關於「額度」的幾項重點：

• 額度越高，風險在銀行端，不在消費者。
• 年收入不高並不等於低額度，勿以偏蓋全。
• 有事沒事，千萬不要降額，調高不易。
• 剛調過，就不要再送件。

　　網路上最常看到的謬論，就是有人分享自己的額度只有 5,000 元：「額度調降至 5,000 元、1 萬元，可以防止自己亂刷亂買。」這合理嗎？信用卡只不過是一種支付工具，我覺得「亂刷亂買」是個人控制力的問題，但調低到這麼驚人的數字（甚至比學生卡的 2 萬元還低），基本上銀行看到這個數字就是皺眉，甚至本來想發張卡給你的新銀行，看到後可能乾脆直接不核卡。

9

那些被眾人遺忘的「神卡」們,下場如何?

臺灣的信用卡市場競爭激烈,原本神卡一年換一張,現在汰換週期已經來到半年一輪。近幾年,還有哪些卡逐漸走入歷史?

2017 年玉山龍蝦卡

這張卡就是玉山世界卡,過去以龍蝦餐吃到飽買一送一的優惠聞名。

好景不常,在 2017 年中時,玉山銀行與臺中日月千禧酒店結束了龍蝦吃到飽的合約,故本卡正式喪失了「龍蝦卡」的資格。許多卡友還打算趁活動結束前,來約一趟「卡友歡聚」之旅。至於有

▲ 玉山世界卡,右為 2017 年 7 月之後新推出的卡面。

沒有成功……應該是沒有吧？這個「龍蝦卡」的稱號，過不久也消失在歷史的洪流中，玉山世界卡就只是一張彰顯身分的信用卡罷了。另外，有這張卡去玉山銀行，可優先被叫號。

2017 年中信學學停車神卡

還記得 2018 年中時，中信不小心在 App 開了「學學鼎極卡」申辦之漏洞，讓不少人藉此拿到一張終生免年費的鼎極卡。

當初中信推出「鼎極卡」時，許多人瘋狂的申辦這張卡。因為銀行聯徵上掛了一張「頂級」卡，不論是申辦其他銀行頂級卡、額度調升，都是極具參考價值的資歷。簡而言之，就是讓你辦其他銀行的頂級卡時，更加如魚得水。

2018 年 7 月中旬漏洞甫開，不過才幾個小時的時間，馬上引起一波 App 瘋狂辦卡潮，中信也不是省油的燈，立馬關閉申請的大門。

學學鼎極卡過去只要前一個月新增消費 5,000 元，次月就可以在指定市區停車場、天天免費停車 3 小時。這在 2016 年可說是極具吸引力的頂級卡，有市區停車需求的人，絕對會率先注意到這個好康。

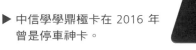

▶ 中信學學鼎極卡在 2016 年曾是停車神卡。

好景不常，在 2017 年、2018 年中信陸續限縮權益，這張卡的吸引力已大不如前。再加上目前此卡已不開放主動申請，改採「邀請制」，等於取得這張卡的門路已被關起來。到底怎麼樣才能再辦到這張卡？我猜是辦張學學御璽卡開始狂刷，才有可能受到邀請。

當然，如果你的財力雄厚，在中國信託放幾千萬元，倒有可能衝破這個「邀請制」限制，凡有規則必有例外，端看你口袋的銀彈是否充足。

2018 年台新白海豚免稅公會卡

這張卡應該也是台新銀行的黑歷史之一（而且是風評最糟糕的那種）。起源於 2016 年底，台新發新聞稿公布與昇恆昌要擴大發行這張頂級卡，因此祭出「首年免年費」方案（去年一整年本行加上他行有刷滿 60 萬元的卡友，就可以辦卡），廣邀卡友體驗尊榮服務：環宇尊榮通關（一趟要價 9,800 元）一年 6 趟、市區停車天天免費 4 小時、機場接送 6 趟免費。

短短 1 個月不到，台新昇恆昌卡的進件直接爆量，銀行措手不及，直接展開第一個急轉彎：緊急在農曆過年之前截止收件，結果網路上出現大暴動。有關係的人就透過關係搞到一張卡；沒關係的人則想辦法請分行行員、理專送件。

2017 年 3 月起，開始有人陸續張貼環宇尊榮通關的分享文，搞得大家心癢癢的，全都開始預約，然後一個清幽的通關好去處，竟變成菜市場般嘈雜的地方。台新銀行展開第二個急轉彎：開始限縮預約的趟次，當天人滿就不開放，讓好不容易辦到這張卡的人急

得跳腳，因此網軍灌暴台新客服。

　　從 2017 年中起，不時有人在察看台新官方網站，發現這張卡的免年費條款一改再改，改得大家都糊塗了，到底是要刷多少，才能免次年年費？有些人索性不玩了，刷他行卡就好，這張卡就當作一年卡在用。此時，網路上已出現不少「棄坑潮」，正中台新下懷。此為第三大轉彎。

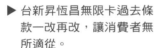
▶ 台新昇恆昌無限卡過去條款一改再改，讓消費者無所適從。

　　經此種種事蹟，你覺得台新這家銀行怎麼樣？生意人在商言商，擅改條款固然不妥，但在法律上是站得住腳的。只是大失民心，許多人戲稱這家銀行為「白海豚」銀行。

　　2018 年開始，許多人在接到年費帳單的前夕，就直接停卡，避免節外生枝，我也跟上這一波停卡潮。現在這張卡片，應該就只剩下「年年刷 60 萬元」、「願意繳年費 2 萬 5,000 元」的人在使用。相信環宇尊榮通關，又恢復之前的一派清幽狀況了吧？謝謝台新昇恆昌無限卡，曾帶給我的美好體驗。

2018 年中信 LINE Pay 卡

2018 年，中信取消了 LINE Pay 卡的「首年 1％全產業消費加碼」活動（一般消費 2％＋加碼 1％＝最高回饋 3％）。2018 年起，全面只剩下 2％回饋，而且一堆通路排除回饋贈點，詳情請洽官方網站公告。更甚者，自 2019 年起，國內刷卡只剩下 1％。

還記得 2018 年初時，各大新聞媒體報導這件事，搞得人心惶惶，一堆人揚言剪卡。不過，你靜下心想想，2％的點數回饋，還是優於一般市面上的信用卡，慣壞臺灣消費者的始作俑者，大概就是中信。中信 LINE Pay 卡曾祭出首年 3％這麼猛的回饋，其他銀行怎麼活下去？刷卡交易手續費也不過才 1.55％，對銀行來說怎麼算都不划算。

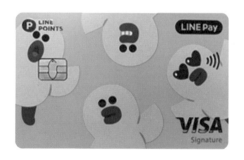

▶ 中信 LINE Pay 卡首年剛上市時最高 3 ％點數回饋，但 2018 年起開始調整優惠。

站在消費者立場來想，當然是回饋越高越好。所以銀行勢必在宣傳手段上增加數字，以吸引消費者的目光。最有名的例子，就是 2017 年底推出的超高現金回饋卡王——渣打現金回饋御璽卡，打出前 3 個月 6.88％回饋，這不就是把首刷禮的 750 元打入前 3 個月，讓你拿到「1.88％＋ 5％＝ 6.88％」這種看似超吸睛的數字，

不過就是行銷手段罷了。

回到 LNIE pay 卡，3％有 3％的玩法，2％也有 2％的宣傳方式。中信最自豪的就是自家的頂級卡服務，所以把 LINE Pay 卡掛上「鼎極卡」等級後，果然讓全臺灣人為之瘋狂，不管怎麼樣就是要拿一張 LINE Pay 鼎極卡就對了。

- 2017 年 3 月推出「鼎極卡邀請方案」：刷 20 萬元就送你一張（VISA）。
- 2017 年 7 月續推「鼎極卡邀請方案」：刷 36 萬元就送你一張（VISA）。
- 2018 年 2 月續推「鼎極卡邀請方案」：刷 50 萬元就送你一張（VISA）。
- 2018 年 7 月續推「鼎極卡邀請方案」：刷 50 萬元就送你一張（VISA／JCB）。

看到了嗎？2018 年的新玩法，就是加入 JCB 極緻卡的選擇，讓大家依然瘋狂的拿這張卡狂刷，就是為了取得珍貴的 JCB 極緻卡。3％不再，總有一股失落感。

2018 年 7 月國泰世華繳稅大小天王卡

說起來令人覺得難過，「國泰世華繳稅大小天王卡」這名字是我取的（指國泰世華 KOKO COMBO 卡、國泰世華白金卡）。過去用這 2 張卡去全家繳稅費可以賺到回饋。我把它們捧得高高的，讓

它們取得眾星拱月的位子，現在它重重的摔落下來，就像是看著自己的小孩跌倒一樣，令人心疼。或許，這正代表著「道高一尺，魔高一丈」，銀行總是有辦法改進系統，讓我們的消費無所遁形。

從 2018 年 7 月 13 日起，國泰世華系統已經可以判別全家繳費的項目，所以代收代付已不適用點數回饋計畫，就算你是一般商品跟代繳帳單一起結，它還是分辨得出來。

我親自測過，沒有就是沒有。那麼，這 2 張卡該何去何從？再見了，大小天王卡，感謝你們陪伴我們走過 2018 年上半年，縱使無法風風光光的走完一整年，它還是比聲名狼藉的台新好。

以此文，緬懷大小天王卡給予我們的美好過去。就像一場曖昧不明的愛戀，你很想緊緊抓住些什麼，但愛情又怎麼可能是你能預測的？終究是南柯一夢。我會把大小天王卡最美好的面貌刻印在心裡，永遠懷念。

▲ 左為國泰世華 KOKO COMBO 卡、右為國泰世華白金卡。

每個人都用不同的方式跟自己的過去告別。而我寫篇文章來跟這些卡片好好的說再見，是我對這些卡片獻上的最大敬意。謝謝它

們的陪伴，讓我生活如此精彩；縱使來年的優惠不再，我還是會把它們好好的收納在卡片夾裡，成為歲月裡那一抹雋永。

　　與大小天王卡的相遇，是我 2018 年上半年最美麗的敘情詩。夢醒時分，終究要面對現實，唱一首〈再會啦心愛的無緣的人〉，拭去淚痕，繼續往下走。

10
辦卡辦到有名聲！
《新聞挖挖哇》找我上節目

2017 年 4 月 18 日，《新聞挖挖哇》邀請我上節目，分享我的信用卡集卡冊還有用卡心得。

節目製作人在找題材時，需要敏銳的嗅覺，不論是最新奇的事物還是最夯的議題，都得在極短的時間內編寫成節目的腳本。錄影前一天晚上，我跟節目企劃討論我的信用卡、省錢心得，包括我如何用 3,000 元度過一個月、每個月至少存 1／3 的薪水、怎麼買菜做便當省錢等，還有使用長榮哩程換了商務艙的經驗。

一開始我本來想用本名上節目，但我的朋友說難得有機會曝光，是不是要取藝名。大家東想西想，就覺得當時手機遊戲《精靈寶可夢 GO》很紅，而我的本名裡也有一個「孟」字，同音不同字，不如把這個字替換，直接就叫「寶可孟」。

對我來說，理財不僅是一門學問，也是我的興趣之一。就好像這款遊戲中，玩家有很多路徑可以捕捉到不同的精靈寶可夢，且捕捉到的越多，等級就會越高。我的理財之道亦是如此，透過不懈的搜尋、對比、分析及運用，進而提升自己的閱歷，我也很樂意把這些心得分享給他人。

北漂族的節省法：內湖上班、永和租屋

以下為這次節目上的有趣提問摘要：

主持人：「你今年 30 歲，出社會 6 年了，現在是第三份工作，每次都只有換工作時才能加薪。6 年來，薪水比剛畢業時多了 1 萬元左右，目前這份工作已經 3 年沒調薪了？」

寶可孟：「我在媒體業工作。其實這個產業的特性，比較難年年加薪，所以要換工作才能往上談薪水。目前的這份工作雖然穩定，但薪水沒有往上調的空間，我必須利用下班時間多接案子，或寫文章、經營部落格來增加收入。」

主持人：「你現在是自己租房子，雖然公司在內湖，但為了省房租，你在永和租屋，一個月租金 6,000 元，然後每天騎 45 分鐘的車上班嗎？如果在內湖租屋，大概要多少錢？」

寶可孟：「永和的房子因為是跟朋友合租所以比較便宜一點，是雅房，但有廚房可以使用，一個月 6,000 元，水電網路全包；我也查過內湖的租屋情形，套房（無廚房）要 9,000 元起跳，不包含水電，所以相比之下住永和的租屋費用比較便宜。每天通勤上下班，平均通勤時間是 40 分鐘左右；下班會快一點，約 30 分鐘。

「一般人如果不想花那麼多時間通勤，就會直接選擇住在公司附近，但我調查過，在內湖要找到我目前住在永和這麼便宜的房

租，老實說不太可能。而且通常水電是另外計費，所以北漂族在租屋時，我覺得需要第一考慮的是交通距離跟房租的費用，得計算住遠一點是否有省到錢。」

【圖表 2-7】北漂族住哪裡比較便宜？

地點	房租	備註
永和	6,000 元	雅房（有廚房，水電網路全包）
內湖	9,000 元	套房（無廚房，不含水電網路）

主持人：「三餐你也是都自己煮，你每週的菜錢才 200 至 300元？如果都外食的話，一天可能就超過 200 元了？」

寶可孟：「傳統市場買菜真的很便宜，我會挑季節時蔬量產買。基本上我每週的菜錢是 200 至 300 元，一個月大約是 1,000至 1,200 元。但三餐外食的話，就是一天 250 元，一個月就得花6,000 至 7,000 元。因此自己煮可以省下超過 4,000 元。」

正職難加薪，存錢只能靠自己

主持人：「你身邊的同事也幾乎都有兼差接案嗎？光靠一份薪水根本不夠嗎？你也有在外面接案子嗎？除了本業之外，你還經營部落格教大家如何使用信用卡賺錢，這個部分也是有收入的嗎？你去年 12 月第一次收到 Google 寄來的 100 元美元支票，但

再過半年，你即將收到第 2 張，累積的速度是否越來越快了？」

寶可孟：「我也有另外接案子，只要業主找我且價錢可接受，我都會答應。我的部落格跟粉絲專頁，是以分享自己整理的文章為主，大都跟省錢、信用卡、哩程點數有關。因為我的部落格有加入『Google 廣告計畫』，所以只要有瀏覽人次跟廣告點擊，我就會有收入。

「我的部落格經營了 2 年半，才收到 Google 寄給我的第 1 張 100 美元支票，是去年（2016 年）12 月收到的。每賺到 100 美元，Google 就會寄支票，我現在部落格累積到接近 200 美元，大概再 3 個月就可以拿到第 2 張支票。文章寫得多，累計一定的數量，就會有固定的觀眾群，每天躺著就會有錢進戶頭，達到『躺著也賺』的目標。」

手握頂級卡，出國就像大明星

主持人：「你總共有兩百多張信用卡，可以給大家看一下你的信用卡有多壯觀嗎？你的薪水不高，為什麼你幾乎各家的頂級卡都有？擁有頂級卡的話，除了有機場接送，到機場時也不用排隊通關，移民署人員會直接到貴賓室幫你辦手續，再用高爾夫球車送你到停機坪搭飛機？」

寶可孟：「是的，我的卡片都帶來了。有一些頂級卡的優惠，真的很不錯。像是一年 2 至 6 趟的免費機場接送，原價一趟是 500

至 700 元，等於拿到卡片，就直接賺到 4,000 元。再例如昇恆昌無限卡，它提供的『尊榮禮遇通關』，通常是明星、其他國家元首在使用。

「你在管制區的貴賓室喝茶休息、吃大餐時，就有移民署人員幫你把資料處理好，等到登機時間快到了，專人會用高爾夫球車把你載到登機口，一路護送登機。這樣的服務一趟要價 9,800 元，但只要辦下這張卡，銀行就送你免費 6 趟。」

主持人：「你在 2011 年辦的第一張信用卡，額度只有 2 萬元，6 年來，你的薪水雖然沒什麼漲，信用卡最高額度卻增加到 50 萬元，為什麼會增加這麼快？你需要這麼高的額度嗎？」

寶可孟：「我的薪水雖然不高，第一張信用卡額度只有 2 萬元，但我使用信用卡 6 年了，慢慢累積下來，我的信用卡額度最高也到 50 萬元。其實只要跟銀行好好打交道，維持良好信用，像我這樣子的收入，也可以辦頂級卡。

「高額度的優點，是在突然有大額支出時，可以直接刷過，例如結婚婚宴、家中裝潢、買大型家電、家族旅遊時，你不必為了額度不夠，一直打電話給銀行調升額度。另一個額度高的好處是，頂級卡通常需要 30 至 50 萬元的額度才辦得下來，銀行若查到你的其他信用卡持卡額度只有 3 萬至 5 萬元，很可能因此不會發頂級卡給你。」

我愛刷卡，但更愛投資

主持人：「今年（2017 年）你將會出國旅行，但機票都是用信用卡免費換來的，所以你只要付少少的機場稅就好？你是刷了多少錢？」

寶可孟：「雖然部分頂級卡有收年費，但它提供的優惠真的很不錯，繳了年費，拿到的回饋超過繳的年費。例如，國泰世華長榮極致無限卡，繳年費 2 萬元，但它送的 5 萬哩，就可以兌換亞洲區外站來回商務艙 4 段票。以我兌換的日本和泰國機票來說，要價 6 萬 5,000 元！等於我以年費 2 萬元加上機場稅 4,133 元，就可以換到 6 萬 5,000 元的機票。」

主持人：「你每個月會給爸媽 8,000 元，這樣還可以存下 8,000 至 9,000 元，再拿去買美國股市的 ETF。為什麼會選擇買美國股市的 ETF？你一年只買 4 次，以去年 4 月買的 1 萬美元來看，現在帳面上已經有 1 萬 1,000 美元，等於報酬率有 10％？照這個方式操作下去，即使薪水不高，退休也沒問題？」

寶可孟：「我的投資哲學是『被動投資』，也就是不玩股票買低賣高，因為如果我玩股票，我可能得投入全部的時間、精神才有賺。但我選擇把錢投入美國股市，買美國股市的 ETF，一支 ETF 就可以投資全世界的股市，雞蛋不要放在同一個籃子裡面，所以我也沒有單壓某一市場，我只是借用美國市場的低成本投資工具投資

全世界。

「以去年的投資報酬率為例，我投資 1 萬美元，現在的帳上價值是 1 萬 1,000 美元，等於有 10％報酬率，而我什麼都沒有做，只是買進並且持有。我會每個月存一筆錢，等存到一定數目，大約是 1 萬美元，再匯到美國券商。」

我雖然喜歡刷卡，但我投資更有紀律。其實用信用卡難直接致富，但你可以藉由信用卡省錢，幫自己存到理財資金，再透過正確的投資工具累積財富，這樣做即使是小資族也能存到一桶金。

第三章

脫離小資族框架，
我這樣存出第一桶金

信用卡不會幫你直接致富，
但能幫你紀律理財

2019 年初「北漂議題」非常熱門，從中南部北上工作的人，都算「北漂」。掐指一算，我在臺北工作也好幾年了，這段時間到底做了什麼事？

我從事過的工作其月薪水平大概不到 4 萬元。想靠月薪 4 萬元在臺北租房加存錢，必須很節省才有可能存到第一桶金。我想這就是一般社會大眾的縮影，如果我沒有利用假日空檔接案、寫文章，很難加速自己存錢的速度。

如果你的薪水不高，又難以跳離自身存在的產業，甚至跟我一樣領的是死薪水，該怎麼辦才好？我真的很建議你投資自己，增強本職技能，讓自己在面對下一份工作的面試時，有更多的籌碼。不論是英語能力、對金融時事的理解，或對興趣的鑽研，都有可能替你打開另一扇窗。

薪水不漲，難存錢

我過去曾被問到這個問題：「如果你的薪水不高，為何不換工作？」十多年前，媒體產業還很夯，的確可以靠跳槽加薪，但現在網路平臺崛起，臺灣媒體業的大環境越來越差，我的薪資已經連續

5 年沒有調漲，若不自己接案子賺錢，哪有可能加快存錢速度？

在什麼都不確定的情況下，又怎麼可能說走就走？大環境經濟不景氣，公司裡的員工隨時都有被資遣的可能，我覺得每個人都應該針對這種狀況做好準備。

【圖表 3-1】北漂多年的我，薪水漲幅很有限

工作單位	任職時間	月薪
資訊公司	2012 年左右	2 萬 7,000 元
廣告公司	2013 年左右	3 萬 5,000 元
媒體業	2014 年至今	3 萬 8,000 元

如果想解決內心對於薪水的不安，我覺得大家可以把握以下的方向：

• 存有緊急預備金至少半年（以生活費 3 萬元計算，至少存18 萬元）。
• 非自願離職者可請領失業補助。
• 思考是否有副業、被動收入（例如：當瑜伽老師、網紅、部落客等）。

當我們開始工作後，有了薪水收入，就應該嚴格執行「儲蓄計畫」，如果沒有存到一筆可以讓你安心的緊急預備金，當你失業時生活開銷付出不來，可是會很令人心煩。

　　像我的做法就是區分薪水，1／3 丟專門的儲蓄帳戶，不去動它；另外 1／3 用來支付水電、房租、手機費、孝親費等基本開銷，最後的 1／3 才是吃飯娛樂的費用，當然這之中也包括經營粉絲專頁、回饋給粉絲的活動經費，也是從我的本薪中提撥出來。

　　當你存了一定的資金，例如 50 萬元左右，這一筆錢就是讓你保安心的，千萬別隨便動它。如果你被資遣，別忘了跟公司索取「非自願離職證明書」，那麼你可以向政府請領半年左右的失業津貼，**金額是你上一份薪水的 60%**。你可以趁失業這一段時間好好的充實自己，並尋找下一份工作。

　　如果你有副業的話，持續的運作也能為你帶來穩定的現金流，至少不會立馬沒了收入。舉例來說，我的朋友 Jerry 的副業是瑜伽老師，所以他只要持續去健身房授課，就能收到鐘點費，可減緩自己的不安全感；像我的話，如果失去工作我也不會有太大的壓力，因為我的另一個身分——部落客，已經可以撐起我的基本生活開支。不論是網站的廣告收益、開戶辦卡的佣金收益或直播抖內（按：取自英文「donate」諧音，意指贊助、捐獻）收入，都可以讓我專注在我想要做的事上。

如何存到人生的第一桶金？

　　我身為北漂族，第一桶金是怎麼存到的？又花了多少時間？就讓我來聊聊我的存錢經。

　　我剛出社會時，第一份工作的薪水是 2 萬 7,000 元。扣除必要的房租加水電、瓦斯、冷氣等費用 6,000 元，以及孝親費 8,000 元

和交通費 1,000 元，我可運用的資金只剩下 1 萬 2,000 元，當時我盡量壓低自己的生活支出費用，餐費加玩樂控制在 3,000 元以下，讓自己盡量一個月存下 9,000 元，也就是月薪的 1／3。這些數據都是我千真萬確的真實經歷。你一定覺得不可思議：

【圖表 3–2】我剛出社會時，在臺北的生活開銷

項目	費用
房租費用	6,000 元
孝親費	8,000 元
交通費	1,000 元
餐費加玩樂	3,000 元
總計	1 萬 8,000 元

月薪 2 萬 7,000 元－開銷 1 萬 8,000 元 → 每個月約可存下 9,000 元

- 怎麼可能房租加水電、瓦斯、冷氣等費用只要 6,000 元？
- 怎麼可能餐費加玩樂只要 3,000 元？
- 最不可思議的是，月薪不到 3 萬元怎麼在都市過活？

要存錢，就得降低開支

首先來談談「房租費用」。如果你的工作地點在臺北市，可以選擇在中永和租屋，雖然得花點時間通勤，但房租就因此低一點，比較不會有那麼大的壓力。另外就是多多比價，水電網路全包含在

房租內的租屋條件真的是可遇不可求。我要謝謝房東,過去這麼多年來沒有漲價,讓我可以加快資金累積的速度。

再來看娛樂的費用。簡單舉個例子,你一定要進電影院看電影嗎?威秀電影票一張全票 310 元,每個月看 4 場就會花掉一張千元大鈔,如果使用信用卡以 6 折的價格看到首輪片,看 1 部電影就省下一百多元。

更省錢的做法,就是線上影音平臺常辦促銷活動,在網路上找到免費的序號,你一樣能在家爽爽看電影不花錢;外出用餐也很花錢,與朋友的聚會雖然必不可免,但我建議次數不宜太頻繁,也可邀請大家一起到某個朋友的家裡,以每人帶一道菜的方式聚餐,既可分享好吃的東西,又不需要花大錢,不失為一個好方法。

最後就是三餐的問題,如果你住的地方能開伙,我建議你到當地的菜市場買新鮮的菜下廚,不僅健康又可獲得烹飪的樂趣,重點是省下更多金錢。

如果生活開支已經降到不能再降了,該怎麼辦?我建議大家開始記帳,很多不必要的支出,只要你開始記帳,就會原形畢露。不論你是用紙本記帳,還是用 App 記帳,都是很好的方式。記帳這件事永遠不嫌晚,只要你連續記帳 3 個月,就能看出自己的生活消費習慣。用心檢視,便可以發現開支的漏洞,接著就是慢慢改變生活習慣,以降低生活開銷。

【圖表 3-3】剛出社會時，我的餐費加玩樂花費一覽表

項目	說明＋費用	
吃	每週菜錢 200 元×4 ＋早餐 200 元	1,000 元
喝	喝水、銀行點數換咖啡	0 元
電影	刷信用卡看電影 6 折、一個月 4 部	744 元
其他	買書費用	1,000 元
總計		約 2,700 至 3,000 元

第一桶金的定義是 50 萬？100 萬？

　　每個人對「第一桶金」的定義都不一樣，有的人覺得存到 20 萬元就是一個里程碑；有的人覺得是 50 萬元；有的人覺得一定要有 100 萬元。對我來說，就是傳統定義的 100 萬元。

　　在薪水不高的前提之下，要存到人生的第一個 100 萬元，得比別人更省吃儉用，才能達到這個目標。但這並非遙不可及的夢想，至少我做到了，所以一般的年輕人，只要善用身邊的理財工具，就一定能做到。

　　我存錢的方法非常簡單，就是每一個月盡可能存下 1 至 2 萬元，一年就可以存下 12 至 24 萬元，那麼最慢 7 年左右，就能存到近 100 萬元的金額。如果你真的有困難，一個月連 1 萬元都存不到，該怎麼辦？我很建議你「開源」。

節流之後，也要開源

開源的例子有：利用下班時間多接案、加入 Uber 當司機、當美食外送平臺的外送員，或是經營社群平臺分享實用的資訊給大家，慢慢累積自己的影響力，接著賺取業配收入。以上都是很好的做法。

以我的親身例子來說，多年前我開始在網路上成立自己的部落格，這幾年來累積的文章量也超過 1,000 篇文章。早期加入 Google 廣告計畫，由於流量不夠，所以每個月大約只有 2 至 3 美元的收益，但我現在單月的網站廣告收入就超過 100 美元，等於每個月加薪 3,000 元，幾乎是我本薪的 1／10，這就是另一種被動收入。

雖然我撐了許多年才走到這一步，但只要努力不懈的寫文章分享，持續整理有用的資訊給大家，就會穩定提升自己的文章在搜尋時的能見度，培養出一群固定的粉絲。雖然辛苦，但建立起穩定的流量後，廣告收益就會源源不絕的進來，也算是很固定的報酬。

能靠信用卡財理財致富嗎？

信用卡**就算再怎麼用，也是沒辦子讓你「直接致富」**！它是一種支付工具，讓你從消費支出中取得回饋省下更多金錢，但你不應該本末倒置，為了賺取回饋而去刷卡，那麼就是被這項工具奴役。

我建議大家在存自己的第一桶金時，可多加利用高利活儲的數位帳戶，如永豐大戶數位帳戶、上海商銀 Cloud Bank、遠銀 Bankee 數位帳戶等，都是可以直接在手機上一鍵開戶的工具，等存

到一定的金額時，再搭配證券、基金等投資工具，讓市場「放大」自己的資產。

對我來說，最簡單、有紀律的存錢方式，就是定期定額。不論是零存整付，或直接買基金，都具有「每個月扣款，強制存錢」的功能，讓自己平時專心經營自己的社群平臺或有興趣的事，然後一年後檢視自己的資金與投資狀況。被動式的投資理財，讓市場放大你的本金。

最後提醒大家，不管我一天花多少時間在信用卡上，我還是會善用身邊的理財工具來記帳、收集市場資訊，大家也可以建立自己的「投資習慣」，好的習慣會幫你小錢拉大錢，越賺越多。

寶可孟隨堂測驗考

☐ 你的薪水是不是年年調薪？

☐ 你的收入是否可以存下 1／3？

☐ 是否有花錢投資自己？

☐ 出社會 7 年後是否存到第一桶金？

☐ 是否善用信用卡為自己省下更多開支？

這些題目若獲得 3 個勾以上，代表你正邁向財富自由的道路；若低於 2 個勾，請加油！退休夢才不會離你越來越遠。

2

我用 App 理財，
投資記帳一手抓

說到理財，大家可能第一時間會想到「進場投資」。但我認為在投資前，一定要先了解自己，才能找到最適合自己的投資模式；確定了自己能接受的投資模式後，才開始收集與分析財經資訊，加入自己對市場的見解後，再開始投資。

所以我要先從「了解自己」——記帳 App 開始介紹：

1. 記帳 App，了解自己的消費與儲蓄行為

最早期我是用記帳本記帳，現在這個習慣依然保留著。

去年我經由朋友介紹，開始接觸記帳 App —— AndroMoney，就愛上了它的便利性，不必等到晚上睡覺前，再苦思一整天到底花了哪些錢。現代人出門手機不離身，所以你能在花錢的當下就打開 App，馬上輸入金額跟項目，簡單又快速。

只要大家堅持記帳 3 個月，就能從記帳本中，看到自己在不同的項目的花費，並且檢討是否為不必要開支，因而省下更多金錢。AndroMoney 這款 App 也提供預算規畫的功能，大家可以根據自己過去的消費紀錄，規畫下一個月的預算。逛街時腦波弱要下手前，也可以打開 App，確認本月的預算是否超支，也許你能因此省下一

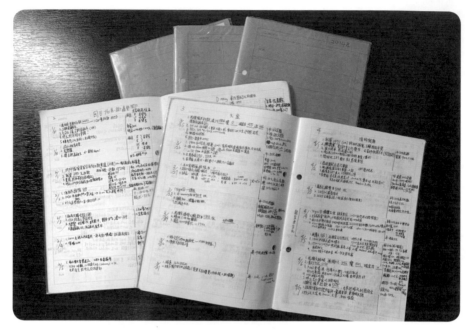

▲ 我至今仍保留手寫記帳的習慣。

筆非必要的開支。

　　更神奇的是，這個 App 還可設定「預警」通知，花費超過設定即會告知，非常方便。

　　經由以上的步驟，就比較清楚自己能存下多少錢。接下來，就是把這些金錢放入市場生利息，若你還是不確定該把多少錢投資在市場上，我有一個簡單的數字供你參考：**把收入的 20%至 35%用來進行儲蓄跟投資行為最佳**。數字太低，距離財富自由的夢想就越遠；數字太高，你可能因節儉度日，最後會自暴自棄大花特花。因此將每個月收入的 1／5 至 1／3 運用在投資，是比較好的做法。

　　提醒大家，這個記帳 App 需要支付費用才能下載使用。記帳

App 有很多不同的選擇，你不見得一定要用這個，挑選自己上手的來使用即可。

　　基本功練完了，接下來就要進入進階一點的課程。一般而言，說到資訊收集，大家最常做的第一件事，就是上網查詢。但如果單以關鍵字搜尋，往往不是我們需要的資料，你可能得翻找好幾頁，花不少時間瀏覽，才能看到自己想要的資訊。

　　而接下來要介紹的 App，就是為市場資訊提供最快速消息的 App ──彭博財經 App。

2. 國際時事一把抓──彭博財經 App

　　在累積了一定的存款後，你可以嘗試進場投資，運用各種不同的工具取得市場資訊，並且做出判斷，因此我想推薦一個相關的 App ──彭博財經 App（Bloomberg : Business News App）。

　　雖然它是全英文介面，對於害怕英文的人來說可能不方便閱讀。但它真的簡單、好用、易上手。彭博 App 裡面有各式各樣的新聞內容，包含財經類的、科技類的產業要聞，都是全世界最快的第一手資料，非常具有參考價值。

　　而我最喜歡的，就是裡面的「影音頻道」：每一則新聞都可以點選「Listen」，就會有人聲把新聞唸給你聽，這對於通勤族在開車不能使用手機時，非常方便；也有新聞時事的影片可以觀賞，讓你快速進入新聞狀況。

　　事實上，光是關注新聞時事，並不能讓人在投資市場上百戰百勝，但我希望藉由這些工具提供的方便性與即時性，養成專屬於自

己的投資邏輯,一旦這些看法在腦海裡形成,就是他人也無法取走的無形財富。思考,才是最重要的。

3. 最豐富的資訊收集利器——鉅亨網 App

大家是否有發現,我每天在粉絲專頁發表的數則「新聞點評」,有不少是取材自鉅亨網?我在這個 App 上一發現有趣的市場資訊,就會順手轉發到粉絲專頁等平臺。

說到鉅亨網,我想大家比較熟悉的是「鉅亨買基金」平臺的服務,除此之外,鉅亨網於 1999 年成立至今也超過 20 年,算是國內非常老字號的財經平臺。

鉅亨網 App 中,我很喜歡它的「推播功能」,啟動後若有任何重要的時事,就會直接通知(覺得太吵可以設定靜音,但一樣會跳出訊息),對於想進行市場判斷的人來說,很有幫助;除此之外,每一則新聞都會附帶相關的指數,例如兆豐金的獲利新聞,下方就有兆豐金、第一金等相關的金融股資訊在下方,讓你不必再跳離這則新聞去查詢相關的股價。

大家最需要的市場指數,也都可以在裡面找到,一目瞭然,簡單好用;如果大家常用一些看盤軟體,可能會發現各大指數、K線走勢圖很難完整呈現在手機上。還好鉅亨網 App 解決了這個難題,看折線圖不必看到眼睛脫窗,使用者能輕鬆判讀指數。除此之外,鉅亨網 App 也有提供「自選功能」,讓你把有興趣的資訊都整理成一個列表,每次打開 App 就能對自己感興趣的基金、股票走勢一目了然,是我很喜歡的功能。

若你覺得自己看盤有點無聊，都沒有人一起討論很空虛，這個 App 也有「討論區」。如果想看看大家的想法、目前最熱烈的討論主題，都可以在鉅亨網 App 裡面找到，有一點類似臉書私密社團，集結眾人的智慧，可以看看其他人怎麼下單、對於趨勢的看法是什麼，也能驗證一下自己的投資邏輯是否經得起考驗。

說到投資決策，我覺得最困難的部分就是經由觀察世界上發生了什麼事，並且經過「思考」後產生的洞見。這也是為何股神巴菲特難以被取代的原因。不論是記帳 App、彭博財經 App 或是鉅亨網 App，都只是我們手上的「資訊收集」工具，真正的判斷還是要靠頭腦思考、決定自己的投資決策。

在這之後的步驟，才是藉由「基金平臺」（如：鉅亨買基金）或是「股票平臺」（如：永豐金大戶投）進行投資。希望經過這一次的介紹，大家對於各種 App 使用，能有更深一層的認識。

我推薦、追蹤的理財部落客

我在這邊不藏私，立馬分享幾個我常看的部落格：

• 綠角的財經筆記：http://greenhornfinancefootnote.blogspot.com/。

• 符碼記憶：https://www.ewdna.com/。

• 市場先生：https://rich01.com/。

• 小資 Renee 的省錢之道：https://ccwrenee.pixnet.net/blog。

• 信用卡快爆：https://blog.soursoul.cc/。

- 輝哥卡省錢 Blog：https://smartusecard.blogspot.com/。
- 蕾咪哈哈：https://ramihaha.tw/。
- 生活投資＆投資生活：https://money125.pixnet.net/blog。
- 這就是人生：https://www.beurlife.com/。
- 研究生的點數旅行筆記：https://www.pointsjourney.com/。
- TripGoKing 旅合金：https://www.tripgoking.com/home/。

　　其實每個部落格的屬性不太一樣，合我胃口的，不見得合你的意，所以我建議大家先閱讀每一位作者的文章，再決定是否追蹤。

寶可孟隨堂測驗考

☐ 平常是否有使用專門 App 理財、關注時事？
☐ 平常是否有記錄自己的開支？
☐ 是否嚴守自己的投資紀律，不受市場波動影響投資決策？
☐ 是否每個月固定閱讀書籍吸收新知？

這些題目若你獲得 3 個勾以上，代表你是有紀律的投資人；
若低於 2 個勾，建議你從現在開始養成對「錢」的敏銳度。

3

每一張卡片，
都有我的情緒投資

之前在網路上看到財經作家綠角談論《為一般人寫的財經課》（*Finance for Normal People*，中文書名暫譯）的讀後感，並提到投資與消費的三種效用，讓我深有感觸。

我印象中最深刻的，就是文章提到，我們在消費或是投資時，會有以下三項特點：「功用」（Utilitarian）、「表達」（Expressive）、與「情緒」（Emotional）好處。這就讓我聯想到，當我們辦一張信用卡時的心境，何嘗不是如此？

我們在辦信用卡時，會從一張卡片的「功能面」來考慮：這張卡片的現金回饋是多少？容易折抵嗎？或是哩程累積的比率如何？容易兌換機票嗎？這些就是卡片的基本面，也是就「功用」。

第二個，「表達」的好處：我們會藉由社會大眾、外界的觀感，來賦與品味、地位之象徵。例如，拿出美國運通黑卡、無限卡、世界卡，就是彰顯出尊爵不凡的特質。

最後一個「情緒好處」，說穿了，就是「老子爽」。辦某張卡，拿在手上就是爽！辦了這張卡，可以帶來正面的情緒，覺得開心，這就是情緒好處。例如我每拿到一張新卡，就趕忙分享，這也是由於情緒好處帶給我快樂。

每當我趕著寫信用卡開箱文，搶先把卡面分享出去，得到廣大

的瀏覽流量，且文章是 Google 排名前 10 時（有時還不小心跑到第 2 名，僅次於官方網站），看到演算法這麼重視我的文章排名，自己總會有一股開心與喜悅的情緒湧上心頭。

有粉絲曾留言跟我說：「寶可孟又在推坑了！」這句話真的不敢當，我是評斷值得辦的信用卡，才願意花時間辦卡，拿到卡片後再來撰文分析，然後拍照、修圖、製作 3D 旋轉圖，最後發表。對於社會大眾而言，辦卡是功用性導向；而對於我，情緒好處占了大部分。

黑卡在手：老子就是有錢的象徵

廣告行銷早已無所不在。當我們看到一則廣告而感到熱血沸騰時，背後的原因究竟是什麼？

例如，銀行主打「功能性」：大家一定有印象，過去樂天信用卡一天到晚在 Yahoo 跟臉書買廣告，動不動就宣傳「貴賓室免費進出」、「海外交易零手續費」等。樂天的廣告把這張卡塑造成日本旅遊神卡，所以大家出國去日本玩之前，就會想到樂天卡。

再來，銀行主打「表達」性的好處：你是否曾看到有人拿出一張信用卡，讓結帳員瞠目結舌？之前在網路上曾看過一些年輕打工族在網路分享，結帳時一個看似普通的老伯伯，拿出來的卡竟是美國運通黑卡，打工族整個嚇呆了。

所以有一些銀行在行銷信用卡時，會特意營造出某些情境，讓大家不知不覺走入那樣子的氛圍：「只要辦下那張卡，我就可以過那樣子的人生！」這種代入感，很容易觸動人心……然後就成功推

卡了。

　　舉例來說，台新的「國泰航空聯名卡」主打的廣告很感性，其目標族群就很明顯——有錢的商務客。再加上 3,000 萬元財務管理的加碼贈哩活動，就是瞄準有錢的飛行常客，「你只要辦得下這張卡，你就是大眾眼中的上流階級。」這廣告就是想表達，拿了這張卡，你就是好野人。

　　最後，是主打「情緒」：2018 年 9 月華南銀行首推三麗鷗家族的信用卡卡面，讓大家一窩瘋的搶辦。為什麼？因為華南銀行的行銷部門，藉由三麗鷗的廣人名氣，成功撥動大家的情緒——這麼棒的卡面，怎麼能不擁有？1 張不夠，還要收集 3 張！所以當消費者一口氣辦 3 張卡，華南就多收了 400 元的製卡費。（見下頁圖）

　　同樣的例子，也可以應用在 2016 年底上市的中信 LINE Pay 卡。10 種不同的可愛卡面，讓大家瘋狂辦卡，在發卡滿一年前夕，中信公布發卡量已破百萬張，這是很不得了的數字。銀行成功運用「情緒」，的確獲得辦卡量的增長。

有必要辦這麼多信用卡嗎？

　　我曾在持有信用卡的卡數到達 150 張時，深切的思考過：「有必要辦這麼多卡嗎？」、「辦了這麼多，管理不易，稍不慎被盜刷或掉卡時怎麼辦？」種種疑慮讓我深感困惑。後來，因為工作繁忙，實在無暇顧及這麼多，反正辦卡能過就過，銀行願意給我卡，我高興就寫一篇分享文，就算沒有辦卡成功，我也不會少一塊肉。

　　2016 年，當年最後一篇分享文是關於 LINE Pay 信用卡。那

時，我的卡片數量才剛突破 200 張卡；2017 年底，早已超過 300 張；2018 年底，總卡數已來到 415 張大關；在 2019 年 12 月，已來到 477 張卡。

　　使用信用卡時有一點很重要，就是要**了解自己的消費模式**，找到最適合的卡片，千萬不要為了湊優惠而多刷、亂刷，屆時付不出卡費，那可一點都不好玩。千萬別讓信用卡債變成你的主人。

▲ 華南銀行可愛的三麗鷗卡面，讓我忍不住辦了好幾張卡。

你是信用卡狂熱分子嗎？

- 我持有＿＿＿＿張信用卡。

- 我每年繳＿＿＿＿元年費。

- 我每年靠信用卡省下＿＿＿＿元。

- 我每天關注寶可孟的粉絲專頁＿＿＿＿小時。

- 辦卡一定從卡板邦聯盟的連結辦卡。

若以上這些數字越高，代表你也是信用卡家族的忠實成員。

4

現在不理財，
將來就當下流老人

「下流老人」是之前很流行的詞彙，由日本流傳進來臺灣，也曾引起極大的討論。很多人常開玩笑說，我這麼愛刷卡，老了可能會與貧窮為伍，變成下流老人，這是我最不想面對的事實，所以我要努力存錢，讓自己遠離這個悲慘的結局。

什麼是「下流老人」？

什麼是「下流老人」？關於「下流老人」，有以下這些特徵：

- 收入極低：沒有足夠的存款。
- 未婚者：伴侶早歿或離婚者。
- 非正職者增多：經濟成長停滯、青年就業情況不佳。
- 啃老族：兒女連自己都養不起，遑論奉養父母。
- 少子化：醫療與照護成本提高，沒有依賴的人。

在現代社會，少子化是將來的趨勢。大家因為經濟壓力，不是不想多生，就是不敢生，所以將來小孩子要扶養上一輩的人口，是現在的 1 至 2 倍。現代人都已經被經濟重擔壓得喘不過氣，我們的

下一代只會更辛苦。

　　能不能結婚、要不要生小孩，都是夫妻自己決定的事，旁人無從干涉。但不論是否要生養小孩、是否把小孩當作將來養老的依靠，你還是要有一筆自己的棺材本——也就是退休金，就算將來小孩子不孝、不願意奉養，也不致於流落街頭。

　　我曾在報紙上看過一篇報導，講述正式步入高齡化社會的日本，一般人只要遇到「黑天鵝」事件（意指無法預期何時會出現的巨大災禍，一旦發生就會造成嚴重後果的事件，如 COVID-19 新冠病毒疫情，就對全球股市產生極大的影響），或個人的重大事件，如生一場需要高額支出的大病（幾乎耗盡人生積蓄）、孩子是啃老族不肯出門賺錢、中年離婚，或是失智，就很有可能會成為「下流老人」。

我才不會也不要成為「下流老人」！

　　你是否曾試著想過，自己的退休生活長什麼樣子？每一次我在粉絲專頁提到「退休金」、「退休計畫」時，有多少人正視這個議題？大多數人都是鴕鳥心態，看點輕鬆與開心的貓狗貼文，不是比較令人安心舒服嗎？我敢斷言這些不在乎自己理財狀況的人，成為下流老人的機率比常人更高。

　　若希望退休生活過得還可以，你可能得存上 1,000 萬元，才能勉強度日；從你預定的退休年齡往前回推，那你在目前的工作時間裡，至少每個月得存下 2／3 以上的薪水，才能累積到足夠的「資本」，進入財富的加速狀態。

有了「資本」，才能運用銀行、基金、證券提供的理財工具，賺取額外的報酬，加速財富累積的速度。試著思考以下幾項狀況：

• 每當市場上有新的 iPhone 手機問世，自己是不是迫不急待的想要入手？

• 百貨公司週年慶，就算分期分到天荒地老，也一定要入手幾組限量商品？

• 走在路邊街頭，總是腦波很弱的被推銷產品，然後莫名奇妙就帶回家了？

• 三餐老是在外吃，吃得油膩又不健康？而且因親友聚會常花大錢？

【圖表 3-4】人生的複利曲線

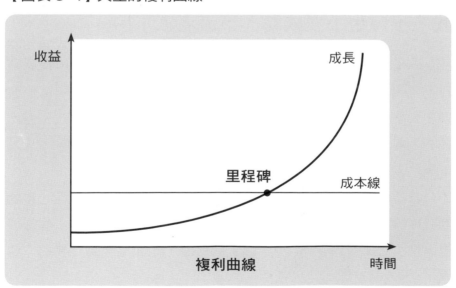

假如以上的「症頭」你都有，那很有可能你存的錢，永遠都無法衝破複利曲線的「成本線」（見上頁圖表 3-4），過不了里程碑這個點，無法加快財富累積的速度。

遠離下流老人的因應之道

我們沒有辦法大力扭轉社會經濟現狀，但可以重新檢視自己的財務狀況，找出讓你漏財的行為模式，加以防堵、改進，那麼存錢的狀況就可以改善。

• 記帳抓漏：記帳雖為老調重談，但若有人找我進行財務諮詢，我一律是請他們先記帳，進行 1 至 3 個月後，有了自己日常花費的開支統計表格，再來討論這些支出中，哪些項目可以節省、哪些項目可以增加。

什麼？居然還有項目可以增加？當然有，例如：學習、進修經費。我想一般人大概很少願意花錢進修、提升自己，但我極力建議大家養成閱讀的習慣，這絕對是投資自己的選擇中，最便宜的手段；或參加免費的講座，多聽達人的經驗分享，對自己也有很大的幫助。有餘力者，更應該付費學習，不論是課程、線上平臺，都可以讓你事半功倍。

• 訂立存錢計畫並且執行：訂立存錢計畫不難，最困難的就是「執行」，但這也是有錢人跟一般人不一樣的地方。許多有錢人之所以有錢，絕大多數都有一個優良的習慣──訂立年度預算，並且努力實踐。唯有對錢斤斤計較，錢才留得住。

　　至於該怎麼訂立適合自己的計畫？你可以從「自己想要的退休金」下手，逐步規畫出每個月至少要存下多少錢，例如是月薪的 1 ／3，那麼就應該把這筆錢在薪水撥入戶頭時，直接轉入另一個不會動的帳戶。你要讓自己無法輕易移動這個帳戶中的資金，例如把提款卡收在抽屜深處、沒有申請網路銀行的密碼，或是沒有設定約定轉帳等功能，藉此增加提款的難度，讓你不容易把錢提出來另做他用。

　　在此之前，我們不談投資獲利、財富管理。為什麼？因為你得有紀律的存錢，並且在真的存到一筆錢後，才進入下個階段。

　　• **利用投資工具，賺取市場報酬**：我不建議大家走短線操作，因為賠的多，賺的少。我喜歡的是放長線釣大魚，讓時間的複利幫助自己，時間到就準時取得市場報酬，就是這麼簡單。

　　你不需要玩股票、期貨或選擇權這種高風險的產品，只要使用像高利活存、外幣高利定存、基金定期定額等工具，就可以做到簡單的分散風險。以新聞裡曾經見過的例子來說，有人玩期貨投資 700 萬元卻倒賠 1,000 萬元，等到出事了去金管會鬧，要證券業者把錢吐出來……說真的，當初玩期貨也不是業者逼的，這完全是自己自願的不是嗎？

　　為了避免自己辛苦存下的錢血本無歸，我覺得用簡單的方式運用金錢，賺取平均市場報酬，對我來說比較簡單。

　　金融界最有趣的是，永遠會推出一些新奇有趣的商品，吸引消費者開戶。如果有抓準每一波的開戶活動，都可以撈到不少好康，不管將來是不是會用到，先把工具準備好，看準時機入場，才不會

沒有工具可操作。因此建議大家「工欲善其事，必先利其器」，有時間、有資產，就趕快積極爭取好康。

不想成為下流老人？那麼就要趁現在年輕力壯趕快存錢，存到一筆讓你跨越成本線、超越里程碑的金額，才能開始運用金錢幫你賺錢，你的資產成長速度才能直線上揚。

不結婚、不能結婚？不生小孩、不能生小孩？世界對我們不友善，我們就靠自己，走出自己的路，成就自己的一片天。

有錢人都花零錢、存大鈔

之前在網路上看到一則有趣的文章，提到「有錢人只在悠遊卡存零錢，不存鈔票」，讓我心中浮現一個很大的疑問：「只存零錢、不存鈔票就能變有錢嗎？」因此我想更加深入去探討「存零錢」這件事。

首先，我們要了解「零錢」是怎麼出現的？一定是拿大鈔買東西，商家找 1 元、5 元、10 元、50 元給你，才會有零錢出現。如果你在撲滿裡塞更多的零錢，代表你使用大鈔的速度越來越快。所以就結論而言，**存越多零錢，代表你交出去的鈔票就越多**，這怎麼會是存錢？

當你在付錢時，只要身邊有零錢，應盡量優先拿出來支付。這麼做有個好處：讓你的零錢包減輕不少重量，皮夾裡的大鈔留在身邊的時間也越長。不過如果你很常使用行動支付，如街口、LINE Pay，那你接觸到現金的機率就會慢慢降低，也算是現代社會進步下，省去攜帶許多零錢的優點之一。

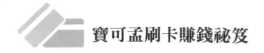

　　如果你不常使用零錢包，拿到商家的找零硬幣都隨便塞口袋，口袋裡很有可能累積了上百元。當你沒有固定整理零錢的習慣時，你家裡的沙發底部、洗衣機下面，或許暗藏了不少硬幣。建議大家有事沒事就來大掃除一翻，說不定那些四散的小零錢集一集，也是一筆數百元的買菜錢。

避免自己成為下流老人

☐ 不隨波逐流，年年換新機、買最新 3C 產品。

☐ 每年固定存下年薪 1／3 收入當作退休金。

☐ 每週有運動習慣。

☐ 不亂買東西、吃大餐。

☐ 不亂聽別人報明牌就隨手下單，遵守自己的投資紀律。

當你打勾的數量越多，代表你離下流老人的情景越遠。

5
我愛刷卡，更愛投資，
特別是定期定額

隨著年紀增長，大家的資產也開始慢慢累積，從小資輕理財初階班往中產階級的等級邁進。所以我不能只停留在初階的信用卡分享、教大家如何擼羊毛賺取小確幸而已，我要帶領大家一起成長，一起領略藉由投資讓資產水漲船高的樂趣──我目前就是採用「定期定額」投資法。

定期定額投資，每個月扣款一筆金額

定期定額是指每一段時間，對你的標的物投資一筆金額。這個標的物可以是共同基金、ETF 等商品；而扣款時間短則 1 週、1 個月，最長可達 1 年。所以定期定額的操作模式非常多元，不見得是基金業者推廣的「1 個月投入一筆」，但為了方便計算績效與說明，我還是以市面上最常使用的「1 個月扣款一筆」討論。

例如，目前鉅亨買基金有推出所謂的定期定額買基金服務。在實務上，扣款金額有 3,000 元、5,000 元，等於是每個月固定撥出 3,000 元投資於某個共同基金，並且持之以恆的進行，就是所謂的「定期定額投資」。

除了鉅亨買基金等平臺之外，還有哪些業者也有提供這種服

務？一般的銀行都有提供基金的買入服務。但精打細算的你一定會發現，銀行平臺銷售的基金其收取的手續費、信託保管費都很高昂，實在是令人不敢恭維。

若你對 ETF 有興趣，但不敢貿然把大筆資金移往美國券商，那麼國內的富邦證券也有提供「富邦證券理財悍將」定期定額買 ETF 的服務，不過項目偏少，只有自家推出的檔次可選，可以自行比較一下；近期永豐金證券提出 ibrAin，主打零帳管費、零手續費投資美股 ETF，算是非常親民的產品，免開立國外券商帳戶也可投資美股是它的特色之一。

單筆投資風險高，不適合我這種小資

通常我不太建議**對市場進行單次性的大筆資金投注——這個風險太高了**。畢竟有可能買在高點被套牢。除非你有獨到的眼光，或掌握了關鍵資訊，才有可能穩賺不賠。不然，我覺得都是在用自己的退休金賭博。

當然，單筆投資還是有好處：因為你的資金較具機動性，所以可配合市場變化做調整。例如，你買在低點、在高點獲利了結，投資報酬率就很漂亮。

這個策略最大的問題就是：「現在是低點嗎？」如果我們沒有預測未來的能力，實在很難每一次都猜對、賭對，就算猜對一次，若想持續判斷正確，機率實在不高。若你不幸在高點進入，短期內的損失就很淒慘。

所以如果要玩「單筆投資」，投資標的應該選自己比較熟悉、

或自己較易掌握景氣循環的類別，千萬不要去碰自己不懂的項目，而像是 AI 人工智慧類股或區塊鏈等，都是我覺得未來會很火紅的投資議題，你可以試著了解有哪些類股包含了這些含金量高的議題，但在真正了解之前，進場千萬小心。

投資的關鍵：複利效果

你可用「定期定額」來做很多事情，買基金跟 ETF 只是其中一種選擇。所有的投資定律都是萬變不離本宗——**定期定額投資的複利效果，需要時間搭配才能充分展現**。所以市場下跌時，千萬別收手。如果你覺得投資月報好難看，那你就不要看了。改看寶可孟的部落格、參加辦卡團，抒發心情豈不大好？

你不應該因市場短線波動，就隨便終止扣款，只要長線前景佳，市場短期下跌反而是讓你累積更多便宜單位數的時機。用菜市場的買賣機制來說明你一定懂：原本高麗菜一顆賣 80 元，現在一顆賣 5 元，你買不買？買啊！所以基金大跌的時候，你怎麼又是另一種態度了？照理說，應該要覺得現在市場大跌價，同樣 3,000 元我能買到好多、好多單位，當然要繼續扣，甚至要「啟動」單筆投資，買更多成本越便宜。

等到市場反彈，你辛苦、長期累積的單位數，就可以一次獲利。那……到底誰才適合這種「老牛拖車」的理財方式？實不相瞞，我就是最喜歡這種方式的理財者。

對於投資理財，我不躁進，我的**終極目標是「退休金」**，存一筆錢固定投資，就符合我的理財觀。當然，若你是已結婚生子有家

庭，那就更適合了。中長期的子女教育金，也很適合用這種「平均分攤」的方式來操作。

「定期定額」要設定停損停利點嗎？我的投資週期是以 50 年來算，所以停利點就是在我退休的時候。因此這個問題對我來說，絕對不是現在要考慮的議題。如果你真的有這個疑問，那我也可以跟大家分析：

• 積極型的市場因波動性大，你可以稍微調高自己的容忍度，停利點設高一點，例如 15％至 20％。

• 保守型的市場例如債券型基金可以設低一點，如 10％以內。

老實說，一個月定期定額 3,000 元真的不多，了不起就是漲的時候買少一點單位，跌的時候買多一點單位，長期下來能「稍微」達到攤低成本的好處。

你如果想要有顯見的成效，建議以 5,000 或 1 萬元為單位，錢賺進來會比較有感。當然，你得特別注意投資標的將來的發展，如果你買到的是「長期趨勢向下的市場」，那就是越攤越平而已。

大致而言，一個景氣循環至少需要 3 年的時間，建議基金扣款至少要達到 36 個月，才有機會經歷完整的景氣循環。所以你需要投入的資金為 3,000 × 36 ＝ 10 萬 8,000 元，大概就是 10 萬元左右。如果你的扣款金額往上來到 5,000 或 1 萬元，那 3 年後賺到的金額就更高了。

切記，市場行情大好再進場的，就是被當肥羊的人。因為高點進場，就是買在最貴的時機點。為了降低「不一定能正確判斷高

點、低點」這種人為風險，建議使用「定期定額」來攤平風險。

市面上有哪些平臺可買？

在挑選平臺時，請大家要特別**比較交易手續費**。目前網路上的基金業者平臺，收取的費用普遍都比銀行業者低，所以可以優先參與這 3 個市場最大的基金平臺：基富通、鉅亨買基金、先鋒投顧。除了基金平臺之外，證券業者也可以參考。

我會推廣富邦證券，單純是因為線上開戶簡單、方便易上手，因此推廣也不困難，我拿到的就是 MGM 活動規則贈送的便利超商商品卡，並無額外的收益。臺灣的證券業者，很少有像富邦這樣主動跟網紅合作，所以其他證券業者的開戶活動，我就比較少涉略。

你是否也跟我一樣，努力工作、多存錢，並想方設法讓自己的錢滾出更多利息？我跟大家分享我最喜歡的投資觀念——「定期定額」，希望大家在看完本篇文章後，能善加利用這個資訊，運用在自己的投資工具上，不論是在哪一家基金平臺下單，只要觀念正確，剩下就交由市場去滾報酬了。

6

單槓不純熟，
別先想斜槓

　　在我的父母的年代，多數人通常出社會後，會找一份工作並且專精一樣技能，然後從一而終的工作到退休。現代的年輕人，因為網際網路發達，許多人會在網路學習，培養第二、第三專長，讓履歷、頭銜多了不少稱謂。

　　像我的資歷就有：平面設計師／剪輯師／部落客／理財達人／信用卡達人／YouTuber／電視名嘴／活動講師等，隨著時間的演進，掛在名下的稱號就變多了。由於這些稱號都是用「／」斜線區隔，因此當事人被統稱為「斜槓青年」。

　　要如何判斷自己是否為「斜槓青年」？非常簡單，只要問自己幾個問題即可：我有幾項賴以維生的技能？假如辭去現在的工作，我能自由接案而不喝西北風嗎？這些專業是否具有不可取代性？副業的收入，已經超過本業了嗎？

　　如果你有 2 項以上的專業技能，且能自由接案而不會餓肚子、專業程度具有不可取代性、副業的收益實實在在的超越本業，就是名副其實的「斜槓青年」。

　　你是否擁有多重身分頭銜？對現代青年來說，其實並不困難。舉例來說，我的朋友 Jerry 是工程師，對瑜伽有深厚的興趣，練習瑜伽的時間至少有 7 至 8 年。前幾年他做出勇敢的決定：報名瑜伽

師資班，成為正式的瑜伽老師。他的親朋好友都支持他，經過辛苦的半年魔鬼訓練課程，他終於領到正式教師證書。現在他已經在全國連鎖健身房裡，教授瑜伽有氧課程，每週約有 4 至 5 堂課，一個月也有接近 1 萬元的額外收入。

把自己的興趣往上提升一個層級，成為專家，讓自己的興趣產生額外的現金流，這就是成功的「斜槓青年」範例。

加深你的「斜槓護城河」

許多人會說，選股、買股最重要的就是「投資護城河」，看某家公司股票最後會不會變成壁紙，就是看「護城河」挖得夠不夠深，被取代性是否低？護城河挖得夠深，才可能在市場上活得久。

例如，符合民生用品的廣大需求（衛生紙、可口可樂這種常銷商品，就是很好的標的），或獨占性事業的天時地利人和（美國的礦業股票跟地理位置有極大的關聯，占盡先機就能穩穩發展數十年而立於不敗之地）。同樣的道理，也可以套用在「斜槓青年」上。

你的每一項技能的「深度」與「獨特性」，是否已經創造出市場上獨一無二、非你不可的態勢？如果是，那就恭喜你。以我的例子來說，我是平面設計師出身，後來對影像深感興趣，於是跨入媒體產業，以製作影片為業。平日的工作就是設計出吸引人的畫面，把要和消費者溝通的議題，加入在影片中，我也可以靠這個工作以自由接案為生。

近幾年我又發展出另一項有趣的技能——信用卡專家。我把對信用卡的興趣跟自己的影像專長結合，帶給大家不一樣的感受：製

作信用卡的 3D 旋轉圖、信用卡開箱影片，而且做到全臺灣只有我獨有的特色。

這就是將自己的 A 專業帶進 B 專業，並且升級成「寶可孟獨有」的特色。當然還有人氣很高的銀行問卷調查，把大家的意見整理、分享出來，讓更多人的想法被銀行看見，這就是寶可孟做得到，其他部落客做不到的地方。

假如我的「單槓」技巧不夠純熟，連選擇一張吸引人的圖片都做不好、Photoshop 操作困難、用 Illustrator 設計 LOGO 不在行、影片剪輯能力差勁……會有人注意到我嗎？所以，我建議大家若想發展新技能，成為斜槓青年前，要先練好基本功——單槓技巧。

零工經濟是什麼？

最近大家如果上街出門，應該可以看到許多美食外送平臺的外送員在大街小巷中穿梭、橫衝直撞，就好像路人擋住他們賺錢的財路一般。

許多公司高舉「資源共享」的大牌，號召許多人加入他們的資訊事業，把自己的時間賣給公司，讓他們的演算法為你的每一趟外送、接客計算出最佳的收益。然後媒體再大肆報導：「只要你認真做，月入 10 萬元不是問題！」

但我們很明顯的忽略一個問題：這個工作的可取代性太高，你今天不做，明天就有人前仆後繼搶著開車接客、騎車送餐。**這個工作的專業性在哪裡？**你有沒有可能因為開車技術一流，而賺取更多金錢？如果無法的話，就不是可以在履歷上加上斜槓的資歷。

零工經濟（按：企業與獨立工作者簽短期合約，例如派遣工、自由工作者等）最令人擔心的，就是公司把你當作「合作夥伴」看待，但你在工作時並沒有享有該有的勞健保，在科技公司的精密計算損益的演算法下，這些都被當作成本而犧牲掉。

這些在美食外送平臺工作的員工有組織工會嗎？當工作時發生意外受傷了，該怎麼辦？有工會跳出來捍衛他的權利嗎？還是說，當我們都同意這種「化整為零」的工作模式後，基本享有的工作保障也蕩然無存了？

創新產業與傳統產業碰撞產生的火花，我是樂見其成的。但希望這些新興的職業能成熟穩定的發展，而不是在把員工基本保障全部外部成本化（讓社會跟國家承擔）後，歌頌「加入美食外送平臺，讓你每個月賺 10 萬元」等誇張的內容，吸引更多人加入。

不論是零工或斜槓，都要對自己負責

成為自由工作者，最大的隱憂就是不會有固定的薪水。對當事人來說，這是很大的壓力來源，畢竟人只要活在城市裡，就需要繳帳單、水電生活費。受薪階級雖然天天被綁在工作上，但至少每個月都有薪水入帳。

當你開始為自己的事業負責後，你願意花多少時間經營自己的事業？你的美好想像可能是每天睡到自然醒，再悠閒的到星巴克叫杯咖啡，泡一整天上網、寫文章，錢就進帳。

但事實的真相是成天提心吊膽，沒有點擊率怎麼辦？大家是不是不愛看我寫的文章？我是不是要迎合大家的喜好寫文章？天天醒

來就被工作追著跑，不是去談（不確定會不會談成的）案子，就是被廠商退稿、一天到晚改案子，根本沒有休息時間……這樣子的高度工作壓力，你可以承受嗎？老實說，我可以，卻也讓我累壞了，導致近期身體頻頻出現警訊。

我在發展「斜槓」時，發現一個令人困擾的問題——時間永遠不夠，你願意犧牲娛樂、交友、運動、睡眠的時間創作嗎？沒有適當的喘息令人抓狂；沒有社交活動令人感到孤單；沒有運動健身就不會有健康的體能；沒有充足的睡眠，很可能會死亡。其實，對自由工作者來說，最大的難題就是「做好時間管理」，並且在各個項目之間取得平衡。

▲ 我的 YouTube 頻道影片截圖。我不只是部落客，同時身兼理財達人、YouTuber 等各種身分。

在成為一個眾人羨慕的斜槓青年前，你有好幾年的苦功要練。唯有成功，才會被看見。

我適合成為斜槓青年嗎？

☐ 業外收入是否已經超越本業收入？

☐ 是否具有 2 項以上的專業技能？

☐ 是否準備好緊急預備金 30 至 50 萬元？

☐ 是否嫻熟商業談判技巧？

☐ 是否具備至少 3 份不同來源的收入（例如 Google 廣告費、業配、演講等）？

若以上 5 項均打勾，代表你是名副其實的斜槓青年。

後記
與銀行的互動——
不只站在消費者角度思考

從辦第一張卡片開始，我跟銀行交手快 10 年，不論是以一般卡客的身分，或是以信用卡部落客的身分跟銀行交涉，都發生過不少有趣的事情。

生意人在商言商，我跟銀行談生意，不能只是用「消費者」的角度思考，還得站在銀行的角度、生意人的角度去談，才有合作的可能性。

我被拒絕辦卡了，理由居然是⋯⋯

元大銀行於 2016 年推出「鑽金卡」，震撼市場。這張卡應該是近年最早的一張「無腦神卡」（它的優惠為當時國內消費享現金回饋 1.2%、海外消費享現金回饋 2.2%），讓網友為之瘋狂與沸騰，當然我也不例外。元大的信用卡規模在臺灣不算大，由於短時間內進件量爆增，曾經讓人一卡最多要等 4 週才能入手。

那時的我持卡數約 200 張左右，進件不久後就收到拒核通知。老實說心中還是會有疑問：「是我的繳款紀錄不良嗎？還是我持卡數太多？近期被拉聯徵次數太多嗎？」為了解開心裡面的結，特別打電話詢問。元大的客服查了老半天，就是不知道，只說「綜合評

分不足」就把我打發了。一氣之下，我要求銀行把辦卡時調閱的聯徵紀錄拷貝一份給我看，想了解到底是怎麼一回事，斡旋許久還是沒能拿到自己的聯徵報告，索性放棄。

事隔半年，我再重新送審一次，就直接發卡給我，到現在我還是不知道為何當初不發給我？

人生的第一場銀行合作案

2017 年左右，台新的晶點計畫部門跟我聯繫，決定合作寫文、拍影片試著推廣「晶點計畫」。台新的總部就在內湖堤頂大道，跟他們接洽算是很有趣的一次經驗，相關部門的員工都一同出席，我也把我的平臺成效製作成文件交給台新內部。

跟銀行合作最麻煩的地方，就是文章需要一改再改，平均一篇文章的修改次數都超過 5 次以上，有時候真的覺得很無奈；影片的部分就更有趣了，想好腳本交給台新後，敲定在全家便利超商錄製，接著就是出機拍攝。

過去我對鏡頭還是很青澀，NG 了好多次才完成所有鏡頭的拍攝，最後才有「晶點計畫」介紹影片，後來也特別剪輯出 30 秒的版本，在全臺灣的 ATM 播放好一段時間。跟台新的合作算是相當愉快。

搶先取得樣卡寫文分享

我寫的分享文有一個很大的特色，就是 3D 旋轉圖，有時候使

用自己的信用卡拍攝，得上馬賽克遮住個人資訊，真的很麻煩。我具備相關的製作技術，而全臺灣應該沒有第二人能做出 3D 旋轉圖的開箱分享。

有時我會希望可以跟銀行取得樣卡，直接用樣卡拍攝，上面不會有個人敏感資訊，又可以省去上馬賽克的時間，因此有一段時間我傾向跟銀行商借樣卡拍攝，拍完隔日再返還。與華南的合作契機就是這樣子開始的。

華南卡部的專員經過長官同意，願意借樣卡借我拍攝，我無償為之寫了一篇開箱文，一來銀行有了免費的曝光，二來我也有獨家題材，皆大歡喜。從 OPENPOINT 鈦金卡、世界卡，到後來的三麗鷗聯名卡，還有華南領航極致尊榮卡，我都有幸拿到真實的樣卡分享，也讓我的粉絲一飽眼福。

免費借樣卡讓我寫文

2018 年 7 月左右，國泰世華針對 KOKO 金融卡，推出黑色卡面的金融卡「KOKO hen 黑卡」，頓時讓網路沸騰！很多人都希望能擁有，無奈國泰世華表明「有 COMBO 卡者不許擁有」，所以許多有 COMBO 卡的人只能望洋興嘆。

我不甘心，決定放手一搏──打電話要求商借卡面。沒想到客服轉達後，真的有 KOKO 內部的人員跟我接洽，願意借我卡面。所以我的部落格上才有 hen 黑卡的卡面跟 3D 旋轉圖可以看，但銀行有說明必須歸還樣卡，不能自己留著。

很多時候有問有機會，不見得永遠都是「石沉大海」。也許銀

行看到的是我的影響力,既然商借卡片不需要花錢,又能賺到免費的宣傳,何樂而不為?所以把自己的平臺打造好,跟廠商合作的可能性就大大提高。

在我寫過的一千多篇文章中,也有某些文章的合作是以大家意想不到的方式談來的。很多時候,銀行相關部門會想跟你合作,談的不見得是一篇文章多少錢的價碼。有時候會有比較「特別」的合作形式,例如提供「特殊卡片」的首年免年費使用權利。

跟大銀行交手最大的問題點就是,與他們的合作通常得經過層層關卡,所以不見得如你想像中的那麼簡單,只要有任一層級不滿意,就會直接卡關。另一個談不到合作的可能性,就是他們只透過廣告代理商,沒有透過代理商就無法找到內部的窗口。就算你真的從銀行客服口中問到內部的經辦聯絡方式,他們也是口徑一致的把你丟給廣告代理商。

大銀行的做法合理,但對我們想要尋求合作的小部落客來說,就困難重重。我走過的冤枉路,大家可以繞過去了。

玉山信用卡內部勢力偏保守

玉山銀行對我來說是家「又愛又恨」的銀行。從 2017 年起,玉山開始在信用卡產品中導入 MGM 的玩法,例如「玉山 icash 聯名卡」就是顯例,多揪一人就可拿到 6 萬點 OPEN POINT,約為 200 元的現金價值,其實這就能引起卡友推廣卡片的欲望。

我的一貫作風就是「互利共享」,但玉山銀行自始至終都無法提供「跟團者名單」讓我查詢,我從 2017 年講到 2019 年,沒有就

是沒有。我在近年的玉山 Pi 拍錢包信用卡推廣成效佳，短短半年內已達 600 位新戶跟團，也無法說服他們與部落客合作。後來稍微變通的方式，就是我向粉絲收集領獎名單，請玉山協助核對是否在我名下，確定有我就再回饋咖啡給粉絲。雖然一切都要人工操作，但至少還能確認名單。

如果你是網紅想要跟玉山主動接洽，別怪我沒打預防針，你一定會吃閉門羹。

王道銀行鐵粉見面會，圈住網紅的心

我對王道印象最深刻的是，在 2017 年王道展開新戶好友推薦的活動，我在短短 1 個月內揪到 50 人跟團（為了抽到最新的 iPhone），事後雖然沒有中獎，但本團的成效顯著，也引起王道內部的關注，所以在 2017 年底舉辦「鐵粉見面會」，團聚許多網紅，吃飯聊天談談王道將來的發展，這是我首次看到有銀行如此積極主動的與網紅互動，而這一切都歸因於王道的前個人金融事業處宋執行長。

宋執行長很有趣，也對網紅照顧有加，不僅有第一次的鐵粉見面會，接下來每隔半年就主動跟我們聯繫、舉辦活動讓我們更加了解王道，真心覺得他是一位會照顧人的好長官。後來新長官上任後，王道的策略就跟著改變，改採傳統銀行的做法，經由廣告代理商找尋網紅合作，跟早期打天下的夥伴分道揚鑣，甚為可惜。

鉅亨買基金的異業結盟

跟鉅亨的合作契機，起源於一封信。而這個合作也開啟我走向理財部落客的道路，鉅亨的啟發，功不可沒。但我必須說實話，身為信用卡部落客，要跨足財經，有一定的困難程度，本團的導流成效沒有想像中的那麼好，這也是我必須再努力的地方。

如果你想要往投資理財的方向前進，那麼多多跨足不同領域，了解不同的金融商品，的確是有助於幫你打響知名度、讓更多廠商看見你的好方法。

與富邦證券合作

有時候，合作的可能性是來自於偶然。我在 2018 年 9 月初左右，看到擼羊毛幼幼班班長小胡跟我分享的一則活動——富邦證券揪團開戶活動，讓我心想不如來揪揪看。結果我抽中了 10 月的禮物 iPhone，喜出望外，我另外安排獎金分給粉絲，接著把手機當最大禮在尾牙同樂會中送出，大家都開心極了。

也由於要向富邦人壽領獎的關係，因此有接觸的機會，所以開啟了合作的契機。富邦人壽提供我可愛的富邦財神爺 USB 小贈品，我把它們當作是跟團禮，辦抽獎分送給粉絲，因此讓我在 2018 年第 4 季有了跟團 50 人以上的成效，老實說還不賴。

因此與大公司談合作，有的時候需要運氣跟契機，而中獎運超好的寶可孟，就因此和富邦證券搭上線。

遠銀信用卡黔驢技窮

遠東銀行的信用卡，在 2019 年 1 月起開始加入 MGM 的行列，提供遠銀卡友產生推薦連結，卡友推薦親友辦卡成功，遠銀就提供 300 至 500 的佣金。這個出發點是好的，但由於欠缺後端查詢系統的協助，讓我推廣上感到窒礙難行，難以施力。

後來我打電話詢問遠銀客服，同是自家產品的 Bankee 都能讓我查詢跟團者名單，為何遠銀其他產品不行？經過多次溝通，遠銀回覆因為 Bankee 是特殊專案，故其他遠銀卡無法提供名單協助查詢。如果遠銀信用卡部如此不思長進，難保不會被其他銀行超越，最後被市場淘汰。最後遠銀提出妥協方案：每個月主動寄發簡訊通知，告知揪團者當月的揪團辦卡數量，算是令人可接受的方案。

台新 Richart 令人失望

台新 Richart 雖然在短短 3 年內衝出傲人的成績——近百萬數位帳戶的開戶數，但標榜開放的 Richart 卻展現出令人無法恭維的高傲態度，令我感到失望透頂。還記得在 2018 年底，台新推出新一代海外神卡—— Flygo 卡，我在第一時間寫文介紹與分享，取得網路上的極大關注量，Richart 內部亦有成員在粉絲專頁私訊我，感謝我寫文分享，替他們爭取不少曝光量。

正好有此契機，我便主動要求合作，看是否能為我的粉絲帶來更多的好康。當時正好大家都還沒有拿到卡面，我也自告奮勇希望能商借樣卡，為粉絲帶來第一手的消息。

該位 Richart 成員，請我直接跟合作窗口接洽。我喜孜孜把文章的驚人成效截圖轉交 Ricahrt 窗口，結果得到的回覆是：「等我收到卡後就可以自行開箱。」

沒有樣卡也可以分享，等待製卡即可。但隔天《美麗佳人》雜誌即出現專題報導，上面也有 Flygo 的信用卡露出，此時我心裡直言：「要糟蹋人也不是用這種方式吧？」便直接把該篇報導連結透過 E-mail 寄給 Richart 窗口，並且友善的詢問有樣卡為何不願意借我？時至今日，我都沒有收到 Richart 的回信。

破天荒！與銀行高層見面

2019 年 3 月兆豐發行統一獅聯名卡，我大力寫文宣傳，兆豐信用卡的公關看到我的文章，大為感激，所以在粉絲專頁私訊我，感謝我如此用心寫文。

接觸到官方的公關，這對我來說是大事，於是我便主動提出是否有可能到兆豐總行提案，希望能有更進一步的合作可能性。公關將寶可孟的成效呈報處長後，真的安排了一次午餐聚會，讓我有機會見到銀行高層，並且把本團推廣兆豐的成效、推廣困境一一的向長官描述，這應該是我 2019 年最大的成就了。也謝謝兆豐信用卡長官願意傾聽市井小民的心聲，相信將來有機會能再跟兆豐合作。

愛卡拉網紅經紀公司的接洽與合作

跟愛卡拉合作的契機，始於遠銀 Bankee 社群銀行的接洽，當初 Bankee 是委任愛卡拉跟我接洽，因此愛卡拉便有了我的資料。也由於我在第一年的 Bankee 推廣成效驚人，讓愛卡拉的決定跟我繼續合作，不論是《今周刊》的報導採訪，或與鉅亨網的合作，都是由愛卡拉主力推薦我才能促成。

所以我真的很感謝這一家公司還有裡面的經理 LuLu，對我的提拔與愛護有加，提供我更多平臺展現自我。藉由網紅公司的操作，讓我有機會見到不同的廠商，擦出更多不同的火花。

不給錢卻要求先審稿，讓人做白工？

與花旗財富管理團隊合作，始於我的廣告代理商接洽的合作專案。由於諸多原因，花旗採取「預先審稿」的方式，所有的部落客文章都需要經過花旗內部一看再看，全部過關後才能上架推廣。由於時程上的延宕，往往最新的資訊過了 1 個月才上架，內容早就都過時了。

這樣子的合作，真的好嗎？而且預先撰稿的文章沒有稿費就算了，改個幾次才上架，接下來再抱怨部落客績效不好，我也是滿腹委屈。

除此之外，花旗信用卡的 MGM 團隊也存在不少問題。由於我的推廣皆須確認成員是否確實跟團，才能給予獎品，但承辦人員卻因為銀行法規的因素推三阻四，最後勉為其難的協助查詢，種種行

徑都讓我對於協助花旗推廣的意願降至冰點，對該家銀行的信任度已蕩然無存。

遠銀 Bankee 重視部落客之情

有輕視部落客的銀行，自然也有重視部落客的銀行。遠銀 Bankee 以初生之犢不畏虎的心情大力跟網紅合作，採取非常新型態的「社群銀行」，打算在臺灣信用卡界殺出一條血路。初期跟各大網紅合作的成效中，就屬寶可孟的成效最好。

感謝 Bankee 讓我有機會用這個產品展現自己的揪團實力，截至 2020 年 3 月，本團已突破 950 人大關。只要成員越多，我就越能替大家爭取權益，本團儼然自成一個小分行，就像一個生態系。

PressPlay 上的台哥大聯名卡合作邀約

我在踏進 PressPlay 之前，該平臺的業務發信問我，是否要將我的 Podcast 線上廣播內容放在 PressPlay 平臺上。經過評估，我決定欣然同意。

當時初次在 PressPlay 這個全新平臺打江山很辛苦，但還是有廠商透過 PressPlay 看到我，請我寫合作文向大眾介紹 2020 年的「6％神卡」——北富銀台哥大聯名卡。這張卡本身就具有話題性，因合作創造出的成效非常好，令我感到格外開心。

接受記者採訪也有稿費收入？

大部分的新聞或雜誌採訪，都是無酬的，只為爭取媒體露出的機會。比較特別的經驗是，有次記者說有家銀行想推行新卡，希望我能分享使用這張卡的撇步。平常採訪是我做完功課後，整理資料交給記者、透過電話接受提問就結束，沒想到該次採訪我領到了稿費，讓我開了眼界。如何知道採訪報導是否為廠商付費？如果你看到「廣編」（「廣告」與「編輯」組成）這個詞，代表是合作文。

不能透露的合作案有哪些？

我跟某些銀行合作須簽定保密協議，意指不能在公開場合揭露是合作案的訊息，這是基於商業利益上的考量。合作案如果到須簽定保密協議的程度，通常是與國際發卡組織合作，或該公司非常重視合作案。

我的合作文有個特性，就是我雖然因為簽了保密協議不能寫明，但因為有收入，所以通常會在該文中加入活動回饋粉絲。若你在我的部落格中的某篇文章內發現這類活動，就是廠商合作邀稿。

以上就是我這幾年來與各大銀行、廠商交手的經歷，希望對於之後想要跟銀行交手的部落客、粉絲能有所幫助。說到底，銀行對網紅還是以秤斤秤兩的方式在看，你越有分量，他們就越尊敬你；越沒影響力，就叫客服隨便打發你，如此而已。

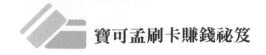

初衷不變：省錢、投資、賺退休金

我一開始接觸信用卡時，只是單純的**想靠信用卡省錢，再把省下來的錢用來投資，以賺取退休金**。

即使現在成為理財達人，這個想法依舊貫徹在每天的例行工作中：在部落格、臉書粉絲專頁分享最新的信用卡資訊，最近也開始分享股票、基金等理財商品的介紹。畢竟我追求的，是**運用正確的理財工具放大資產，讓省下的每一分錢都能發揮最大的效益**，才不枉費我花那麼多時間鑽研省錢、理財的技巧。

另外，很多人欽佩我即使有正職工作，卻還可以同時經營部落格、臉書粉絲專頁、Instagram、YouTube、Podcast、PressPlay 等各種平臺，幫我多賺到廣告或廠商合作的收入。我哪來那麼多時間？其實你若仔細觀察我的平臺，就會發現有一個共通核心——寫作。

只要抓住一個關鍵——寫作，那麼轉換平臺就只是彈指之間的事。部落格的溝通，是以文字為主、圖像為輔；拍攝一支影片，需要有條理的腳本，這也是以文字為基礎；Podcast 的線上廣播內容需要文字腳本、我在 PressPlay 平臺上也是以文章的形式提供知識，全都是「以文字為本」。對我來說，懂得善用「文字」跟群眾溝通，就是我打開財富之門的鑰匙。

有人認為，在網路上毫無保留的分享自己的所知所學，就會被其他人全學走，導致未來出現更多競爭者；但我做了完全不一樣的事：拚命在網路上分享理財撇步，甚至花時間舉辦活動回饋粉絲。不過我的收入沒有因此減少，為什麼？

因為「分享」讓我變得更加強大，並沒有削弱我的競爭力：有

價分享讓許多人受益，粉絲也因此更加願意追隨，這是一個正向的回饋循環。當然，辦活動回饋粉絲是很辛苦的一件事，但我覺得「創作有價知識」跟「回饋粉絲」一樣重要，而「互利共享」的真實成效就展現在我身上——當平臺經營成效好，合作價碼也跟著水漲船高。將收入所得一部分回饋給粉絲，創造良性互動的回饋機制，是我成功的最大心法。

萬丈高樓平地起，從零開始累積人氣絕非易事，還好我在經營部落格等平臺這幾年來，有卡板邦的輝哥跟 CW 情義相挺，我們組成聯盟後，一起推廣信用卡的成效更加卓越，也讓廠商看到我們以聯盟之力，觸及到更廣泛的粉絲。

不論是研究信用卡理財還是經營各大平臺，一路走來都很辛苦，但想要有所成就，就得狠心犧牲休閒與玩樂時間，專心的耕耘、付出。我堅持初衷，致力分享最新的信用卡消息、理財資訊，帶大家邁向康莊的退休之路。如果你也想跟我走一樣的路，堅持下去吧！我行，你一定也行！

附錄一
寶可孟嚴選各大銀行 2020 年無腦卡（全方位回饋）整理

這本書在 2020 年出版，但你的皮夾裡是否還保留著前一年權益變差的信用卡？我在本書最後整理 2020 年推薦的各家銀行無腦卡（不燒腦，全方位回饋），不論你是剛出社會的小白，想辦人生第一張信用卡，還是想幫自己的錢包「除舊布新」，換上 2020 年的最新無腦卡，都可以參考以下表格：

銀行別	推薦卡片	基本回饋	回饋效期	寶可孟推薦原因
臺灣銀行	一卡通鈦金商旅卡	國內消費最高可享 1.2%、國外一律 2.2% 回饋無上限	2020 年 1 月 1 日至 2020 年 12 月 31 日	基本回饋 1.2%、海外 2.2%，算是一般水平，因此你有臺灣銀行信用卡卻低於這個水平的話，建議換成這張卡使用
土地銀行	icash2.0 聯名鈦金卡	國內消費最高可享 1.0%、國外一律 2.5% 回饋無上限	2020 年 1 月 1 日至 2021 年 12 月 31 日	基本回饋 1.0% 算是基本盤，海外則是 2.5% 現金回饋；此卡有 icash 2.0 電子票證功能，適合常去 7-ELEVEn 的人使用

（續下頁）

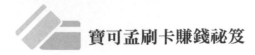
寶可孟刷卡賺錢祕笈

銀行別	推薦 卡片	基本 回饋	回饋 效期	寶可孟 推薦原因
合作金庫	活力 御璽卡	國內消費最高可享 1.0%、國外一律 2.0%回饋無上限	2020 年 1 月 1 日至 2020 年 12 月 31 日	合庫的活力御璽卡國內 1%海外 2%是該行全卡別中，輸出最平均的卡片
第一銀行	iLEO 信用卡	一般消費 0.5%，最高 5%	2020 年 1 月 1 日至 2020 年 12 月 31 日	一般刷卡回饋 0.5%稍弱，但新戶搭配 iLEO 數位帳戶最高 5%，亮點是全聯刷卡有 2%，因此我稱之為「全聯神卡」
華南銀行	i 網購生活卡	一般消費紅利 2 倍，新戶於網購通路最高 5%回饋；美食 App8%回饋	2020 年 1 月 1 日至 2020 年 12 月 31 日	新戶申請 i 網購生活卡非常划算，尤其是對網購一族來說最推薦，指定通路也有 8%很實用
彰化銀行	my 樂現金回饋卡	一般消費 0.5%，新戶最高 9.5%回饋	2020 年 1 月 1 日至 2020 年 6 月 30 日	彰銀此卡在 2020 上半年加碼「6Pay 享 6%」活動，讓這張卡的回饋率上升至 6.5%，最高 9.5%，值得辦下來使用
上海商銀	簡單卡	國內 1%、海外 2%、中日韓 3%	2020 年 1 月 1 日至 2020 年 12 月 31 日	簡單卡的回饋不簡單，想要一張卡，上海商銀所有信用卡中我最推薦的就是這一張

（續下頁）

附錄一 寶可孟嚴選各大銀行 2020 年無腦卡（全方位回饋）整理

銀行別	推薦卡片	基本回饋	回饋效期	寶可孟推薦原因
台北富邦	OMIYAGE卡	國內 1%、日韓 3.3%	2020 年 1 月 1 日至 2020 年 6 月 30 日	用這張卡在日本消費有很多伴手禮可以領，非常推薦旅日一族可以辦此卡領好康
國泰世華	COSTCO 聯名卡	店內 1%、店外 0.5%、高鐵 10%	2020 年 1 月 1 日至 2020 年 12 月 31 日	消費者在 COSTCO 只能刷這張卡，月刷 1 萬 5,000 元，買高鐵也有 10%回饋，個人覺得不差，比 KOKO 卡好用
兆豐商銀	Mega One 一卡通聯名卡	國內消費最高可享 1%、國外 1.5%回饋無上限，保費 12 期零利率	2020 年 1 月 1 日至 2020 年 12 月 31 日	這張卡片雖然不是兆豐中最突出的信用卡，卻是輸出戰力最平均的卡片，繳保費也有 12 期 0 利率，適合拿來繳保費使用
花旗銀行	現金回饋御璽卡	國內外 0.5%現金回饋，指定通路最高 2%	2020 年 1 月 1 日至 2020 年 6 月 30 日	花旗的卡片在 2020 年起競爭力越來越弱，一般刷卡消費僅有 0.5%，在歐洲經濟區實體刷卡通路也無海外刷卡回饋，大家要特別注意
美國運通	長榮簽帳金卡	首年無年費	2020 年 1 月 1 日至 2020 年 6 月 30 日	美國運通卡基本上都需要繳交年費，因此我建議先從首年免年費的卡入手，若喜歡美國運通的服務，再使用年費型的卡片

（續下頁）

銀行別	推薦卡片	基本回饋	回饋效期	寶可孟推薦原因
臺灣企銀	銀色之愛商務御璽卡	國內一般消費回饋 0.4%、國外刷卡回饋 2%，無回饋上限。	2020 年 1 月 1 日至 2020 年 12 月 31 日	臺企銀的基本回饋國內刷卡僅有 0.4%，海外稍高來到 2%
渣打銀行	現金回饋御璽卡	不分海內外 1.88%現金回饋	2020 年 1 月 1 日至 2020 年 12 月 31 日	這張卡的亮點就是繳保費、學費均有 1.88%回饋，回饋上限為信用額度
滙豐銀行	現金回饋御璽卡	國內 1.22%、海外 2.22%現金回饋	2020 年 1 月 1 日至 2020 年 12 月 31 日	滙豐現金回饋卡的回饋不算頂級，但也不差，能兌換四大平臺點數（再多 20%回饋），也能兌換哩程，算是非常多元的產品
新光銀行	寰宇現金回饋卡	國內 1%、海外 3%、指定數位 3%、My FaimPay10%	2020 年 1 月 1 日至 2020 年 6 月 30 日	新光寰宇卡一般消費 1% 尚可，加碼的部分有海外 3%、指定數位 3%都算有亮點的權益，上半年的 My FaimPay 多 10%也可好好利用
陽信商銀	JCB 哆啦 A 夢晶緻卡	一般消費 1%、日韓 3%	2020 年 1 月 1 日至 2020 年 12 月 31 日	陽信也有基本 1%的信用卡，主力在這家銀行的人，可以改用這張卡，在日韓消費也有 3%回饋
聯邦銀行	賴點卡	國內 2%、海外 3%LINE Points 點數回饋	2020 年 1 月 1 日至 2020 年 7 月 31 日	一般消費有 2%，優於平均水準，海外 3%怎麼刷都不吃虧，因此聯邦唯一推薦這一張卡

（續下頁）

附錄一　寶可孟嚴選各大銀行 2020 年無腦卡（全方位回饋）整理

銀行別	推薦卡片	基本回饋	回饋效期	寶可孟推薦原因
遠東銀行	Bankee 信用卡	一般消費 1.2%、海外 3%金讚點，點數 10 倍放大	2020 年 1 月 1 日至 2020 年 3 月 31 日	遠銀 Bankee 卡是社群信用卡，主打邀請親友來使用賺越多。一般人辦卡使用，綁定 Bankee 數位存款帳戶自動扣繳 Bankee 信用卡帳款，享有國內 1.2%、海外 3%回饋
元大銀行	鑽金卡	國內 1.2%、海外 2.2%	2020 年 1 月 1 日至 2020 年 6 月 30 日	國內高現金回饋卡始祖，儘管現在這個優惠已不是最高，但你若僅有元大信用卡，我建議換這張卡
永豐銀行	大戶現金回饋御璽卡	國內 2%、海外 3%(含帳戶自扣加碼的 1%，每個月加碼上限 1,500 元)	2020 年 1 月 1 日至 2020 年 6 月 30 日	國內 2%現金回饋、海外高達 3%，是現金回饋一族非持有不可的信用卡
玉山銀行	Only 卡	國內紅利最高 8 倍、海外最高 13 倍	2020 年 1 月 1 日至 2020 年 6 月 30 日	首年免年費，再加上刷越多賺越大的「紅利倍多芬」機制，讓我把這張卡當成我的主力卡來用
凱基銀行	現金回饋鈦金卡	一般消費 0.7%，持卡越久，回饋越高，最高 1.5%	2020 年 1 月 1 日至 2020 年 12 月 31 日	基本現金回饋 0.7%，若你片申請越久，那麼刷卡回饋率就越高，應該算是國內首創把「持卡時間」納入現金回饋考量的產品

（續下頁）

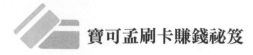

銀行別	推薦卡片	基本回饋	回饋效期	寶可孟推薦原因
星展銀行	炫晶御璽卡	國內 1.2%、海外 2.5%	2020 年 1 月 1 日至 2020 年 12 月 31 日	炫晶卡刷卡回饋國內 1.2%、海外 2.5%，算是中段班的回饋。因為是外商信用卡，在海外刷卡不怕擋刷，過卡的機率比國內銀行高
台新銀行	@GOGO 卡	一般消費 0.5%回饋、綁定 Richart 帳戶扣繳多 1%、網購最高加碼 2%	2020 年 1 月 1 日至 2020 年 12 月 31 日	國內網購神卡的始祖，雖然已經大不如後進者，但仍是台新卡中非常具競爭力的信用卡
日盛銀行	商務御璽卡	國內一般消費刷卡送 0.6% 回饋金、國外消費刷卡送 1.8%回饋金	2020 年 1 月 1 日至 2020 年 12 月 31 日	這張卡片的回饋不算最好，但在日盛卡中卻是輸出平均的卡片
中國信託	ANA 極緻卡／無限卡	一般消費 20 元／哩、海外 10 元／哩	2020 年 1 月 1 日至 2020 年 12 月 31 日	中信大部分的信用卡皆無競爭力，但年費型的鼎極卡卻有超乎一般卡片的回饋與服務，因此推薦入手年費型鼎極卡，享受尊榮服務。基本刷卡回饋率依中信公告 ANA 哩程 1 點 0.6 元換算，國內 3%、海外 6%

附錄二
善用外站來回，
我靠一張機票出國玩 3 趟

前面提到，我在 2017 年，使用國泰世華長榮極致無限卡的新卡禮 5 萬哩，兌換了亞洲區外站來回商務艙 4 段票，去日本跟泰國玩。我以此經驗為例，說明什麼是外站來回（長榮航空的亞洲區外站來回商務艙所需哩程數為 5 萬哩，本篇內容以此為例）：

一般人買機票時，通常是買來回機票，所以會有兩個地點，以下圖為例，假設甲為出發地、乙為目的地。因此機票有 2 段：去程和回程。

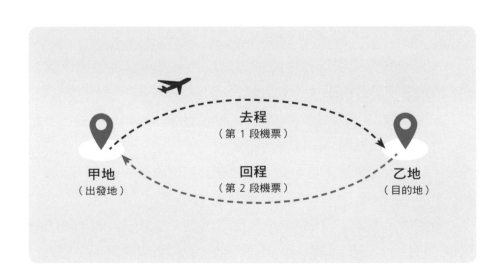

再來，我把上頁圖拆開，變成一條直線：

基本上跟上頁的圖是一樣的意思，但變成一條線性的時間軸。

現在我們來看長榮外站來回的特色。先來看長榮官方網站的說明文字：

• 來回酬賓機票行程中除折返點以外，去回程可各加停留一點，故最多可停留兩點。

• 來回機票行程於出發地與折返地各允許一次開口行程，但此開口之兩點必須為同一區域內之國家。

（按：酬賓機票是指長榮航空的哩程兌換機票。）

所謂的「停留」，指的是飛機從甲出發，在抵達目的地乙的航程中，可以加一個停留點，也就是丙地。長榮航空的規則中寫到，去回程可各加停留一點。所以上圖可以變成：

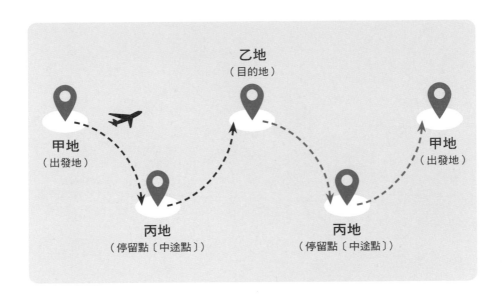

　　從甲飛往乙的過程中，增加了丙作為停留點。而來回都可以各加一個停留點，所以原本的 2 段機票（去程、回程），可以被切割成圖中 4 段。只要是亞洲區的任意航點都可以開票。

　　另外，開口是指同一個國家的不同機場。假設甲是泰國、乙是日本，那去程的甲可以選擇曼谷機場，回程的甲可以選擇清邁機場；同樣的，去程的乙可以選擇關西機場，回程的乙可以選擇成田機場。只要長榮有直飛的航班，都可以選擇。

　　如果選擇臺灣為停留點，不馬上轉機，再選擇進出不同城市，就可以用一張來回機票，並利用外站來回，玩好幾個國家跟城市：

▲ 掃 QR Code 看長榮亞洲區航點。

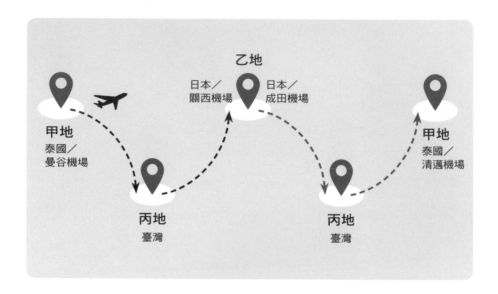

注意事項

- 機票效期是一年:自開票日起算 365 天內,都是可以劃機位的時間。

- 限搭長榮自身航班:如果是相同航空聯盟的其他航空就不行。

- 該選經濟艙(亞洲區 3 萬 5,000 哩)?還是商務艙(亞洲區 5 萬哩)比較好?以 CP 值來說,我推薦商務艙,好不容易拿到 5 萬哩,當然要搭高級一點的商務艙。

我把 2017 年的出國經驗，直接代入：

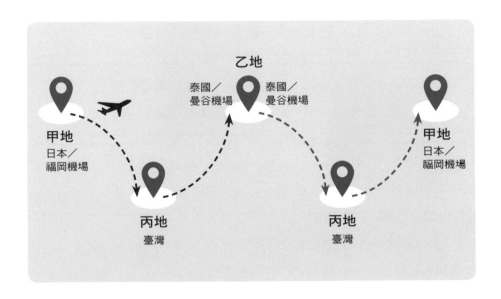

除了這一張 4 段商務艙的機票，我再加買 2 張臺灣出發、回程臺灣的機票，**便可拆程 3 趟旅程。加買的機票可以選擇廉航經濟艙，成本更低**。以下是 3 趟旅程的機票資訊：

> 2017 年 6 月 30 日：桃園→福岡（廉航經濟艙）
>
> 2017 年 7 月 3 日：福岡→桃園（長榮商務艙）

> 2017 年 10 月 19 日：桃園→曼谷（長榮商務艙）
>
> 2017 年 10 月 25 日：曼谷→桃園（長榮商務艙）

> 2017 年 12 月 29 日：桃園→福岡（長榮商務艙）
>
> 2018 年 1 月 3 日：福岡→桃園（廉航經濟艙）

這 3 趟旅程的機票成本是長榮哩程 5 萬哩、外站來回 4 段票的稅金 4,133 元、6 月 30 日的廉航機票、1 月 3 日的廉航機票。是不是很划算？

國家圖書館出版品預行編目（CIP）資料

寶可孟刷卡賺錢祕笈：小資族靠信用卡加薪 100%，
理財達人賴孟群示範，讓刷出去的錢自己跑回來。／
寶可孟（賴孟群）著.
-- 初版 . -- 臺北市：大是文化，2020.04
256 頁；17 × 23 公分 . -- （Biz；323）
ISBN 978-957-9654-74-6（平裝）

1. 信用卡　2. 理財

563.146　　　　　　　　　　　　　109001507

Biz 323
寶可孟刷卡賺錢祕笈

小資族靠信用卡加薪 100％，理財達人賴孟群示範，讓刷出去的錢自己
跑回來。

作　　　　者／寶可孟（賴孟群）
副　主　　編／馬祥芬
美　術　編　輯／張皓婷
副　總　編　輯／顏惠君
總　　編　　輯／吳依瑋
發　　行　　人／徐仲秋
會　　　　計／林妙燕
版　權　經　理／郝麗珍
行　銷　企　劃／徐千晴、周以婷
業　務　助　理／王德渝
業　務　專　員／馬絮盈
業　務　經　理／林裕安
總　　經　　理／陳絜吾

出　　版　　者／大是文化有限公司
　　　　　　　　臺北市 100 衡陽路 7 號 8 樓
　　　　　　　　編輯部電話：（02）23757911
　　　　　　　　購書相關資訊請洽：（02）23757911 分機 122
　　　　　　　　24 小時讀者服務傳真：（02）23756999
　　　　　　　　讀者服務 E-mail：haom@ms28.hinet.net
　　　　　　　　郵政劃撥帳號／19983366　　戶名：大是文化有限公司

法　律　顧　問／永然聯合法律事務所
香　港　發　行／豐達出版發行有限公司
　　　　　　　　Rich Publishing & Distribution Ltd
　　　　　　　　香港柴灣永泰道 70 號柴灣工業城第 2 期 1805 室
　　　　　　　　Unit 1805, Ph.2 Chai Wan Ind City, 70 Wing Tai Rd, Chai Wan, Hong Kong
　　　　　　　　Tel：21726513　　Fax：21724355　　E-mail：cary@subseasy.com.hk

---

封　面　設　計／林雯瑛
內　頁　排　版／黃淑華
印　　　　刷／鴻霖印刷傳媒股份有限公司

■ 2020 年 4 月　初版　　　　　　　　　　　　　　Printed in Taiwan
ISBN 978-957-9654-74-6　　　　　　　　　　　　　定價 360 元
　　　　　　　　　　　　　　　　　　　　（缺頁或裝訂錯誤的書，請寄回更換）